大展好書 好書大展

實用心理學講座

2

創造好構想

多湖輝／著
廖玉山／譯

大展出版社有限公司

序　文

「為什麼總想不出好的主意呢？」這個問題不僅是現代，幾乎可以說是任何一個時代的人們所甚感迷惑的問題。「非想出一個好辦法不行」、「希望能有更好的構想」這不僅是從事商業活動者的心聲，同時也是在各行各階層的人所企求的。可是，卻從未有像現在這樣必須迫切地來探討這個問題的時代。

我因為職業的關係經常會接觸到各種企業的領導者，可是卻總會聽到他們抱怨說現在的企業從業人員「一點也不會思考」。我想這大概不是從業人員不想動腦筋，而似乎他們不知道要思考什麼或不知如何思考，才能想出好構想的原因吧！

在現在這樣表面看不出有任何問題，似乎是非常富足的時代，大家的問題意識都變得很稀薄，希望用自己的力量來發現問題而加以解決，並創造出新事物的能力也相對地衰弱，或許這也是無可奈何的。然而，只要我們正視現實，就不難發現不論是企業或社會，似乎無不存在總總問題。既然如此，那為何明明已呈現出大問題了而我們卻視而不見？這是因為我們已習慣於這種平穩無事的時代，而思想陷入了「思考的盲點」所致。據說通常一個公司若順其自然地發展，其壽命頂多三十年，即使現在表面上毫無問題，若因此怠惰安心，遲早將會被這嚴苛的商業社會所淘汰。本書就是要順應這種時代的要求，將揭發現代人最容易身陷其中的「思考盲點」，並對「為何想不出好構想」的問題做實踐性的說明。

例如，不喜歡接受於己不利的情報而喜歡多聽於己有利的情報，這就是人們常有的「盲點」之一。因此，在不知不覺中自己的周圍將充斥著報喜不報憂的人，而使人以為沒有問題，而大放其心或錯以為自己偏袂的情報就是一切，而陷入以偏蓋全自以為是的狀態，結果造成錯誤的判斷。

人對於周遭環境的變化是具有卓越適應能力的動物。然而這個適應能力往往也會變成「盲點」。例如，即使明明公司的狀態已經漸漸地崩壞，但是人總是能馬上調整自我加以適應而不疑有它，等到最後有所警覺時，多半已經回天乏術了。這種事例實在不勝枚舉。這又正如屋內瓦斯漏氣，然而在屋內的人對正逐漸充滿室內的瓦斯臭味馬上就習慣，甚至到了身體已無法動彈的狀態時，還不明其所以然。

其實好的構想就像是哥倫布的蛋一樣「*Columbus's egg*」既簡單而又隨處可得，可是一旦陷入了「思考的盲點」則除非有人點破，否則將永遠不得其門而入。稍微動一下手腳則橢圓的雞蛋照樣能直立在桌面上、或只要用刀切削亦能變成四角形。換言之，只要能克服這種「盲點」則不需他人指點自己亦能悟得。只要習得如何靈活轉動腦筋的方法，好的構想自然會泉湧而出。

希望本書能激發必須朝夕絞盡腦汁工作或希望擁有靈活腦力的人，獲得思考的靈感則甚幸！

目錄

第二章　三個臭皮匠勝過一個諸葛亮

●活用他人的用法以產生新構想

第五章 具有創見者懂得如何割捨

●產生好構想的常識捨棄法

第一章　人是會思考的「腳」

能產生好構想的情報運用術

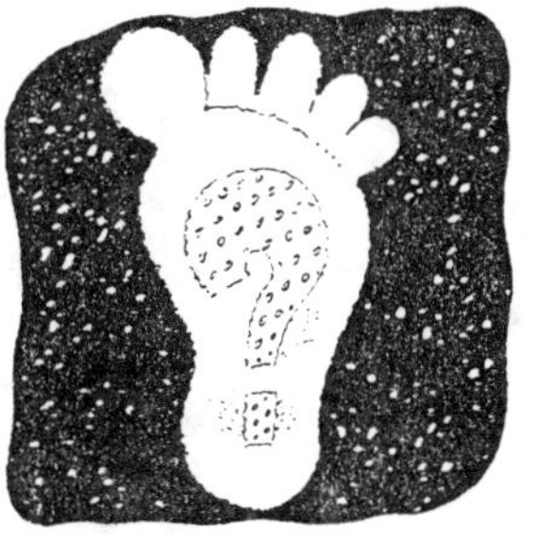

1 儘管敲吧！不敲門怎會開

●若找不到問題點不妨先提出試驗品以激勵行動

把事情放在「敲打檯」上敲打，問題之門應聲而開

有一位建築師說過這樣的事。據說曾經有人委託他設計一座綜合會館，當時他交代事務所內的二位年輕的建築師試著擬出參考設計方案。其中A提出一份無論造型或設計都相當先銳的設計圖。另一方面B所提出的造型則是平淡無奇，可是其中卻附帶數張各地會館內部設計裝璜、外部造型的照片，並註明他自己的設計與那些會館的不同點，同時還提出他對建材、顏色甚至音響等的具體建議。

B的做法似乎是有異常情，後來追問其所以時，B回答說：

「我曾絞盡腦汁卻得不到構想，所以決定先走訪各處的會館建築以尋求靈感。」據說B的造型與裝璜設計圖就是他在檢視各地會館建造上的優缺點，突然產生靈感時，一下子草擬出來的。

那位當家的建築師回憶說：「最初A的設計者實令我無比傾心，若要比新穎似乎再也無

人能出其右。反觀B的設計雖然毫無嶄新之貌，可是卻充滿著一股無比親切的樸實感，令專家的我，也有想完成它的衝動。」

聽到這個故事後，我覺得B的行爲正不期然地含有思考事情時的一種基本原則。無論是誰，在思考事情中當構思進展到某一階段時往往會發生思緒停滯不前的困境，變成無論如何也想不出好構想的狀態。這時如果勉強地繼續思索，多半會變成空想或反過來將前面思考得到的東西否定掉。

學生寫畢業論文時，也經常會發生因爲在構想中無法理出頭緒，結果造成信心的淪喪。即使身爲專業作家的我也不例外。當我在寫作中如果頭腦裏老有這也不是那也不行的想法時，其結果往往都變得無法收拾。

所以，每當遇到這種情況時我都會在第一張稿紙上隨便寫一些概略的東西，亦即先製做一個「敲打檯」。就在想要製做這個敲打檯時無形中寫作會開始持續下去，如此問題點自然一一浮現，紊亂的思緒也能得到統一。因此我對於那些幾乎喪失寫作信心的學生，通常會建議他們「即使只寫一張或二張也沒關係，總之要試著去寫就是」。換言之，當思考陷入空轉時不妨將書桌上的空論暫且擱置一旁，而實際付諸行動看看。這不但是探索問題點以方便思考的祕訣，同時也是一種捷徑。畢竟「鐘不敲是不會響的」。

前面例子中的B之所以令我感到欽佩的是，他「因爲想不出構想所以姑且先到處去看看」的那種在思考空轉想時，反而能果斷地採取實際行動的做法。其最後所提出的試案乍見之下雖然平淡無奇，可是卻讓人深深地吸引住建築專家的心，這完全要歸功於其行動力。從問題發現的層面來看，「總之先付諸行動」的做法在某種意義上確實是更勝於桌上的智慧。這正是所謂「苦思無得，不如起而行」的道理。

沒有洗過衣服的男人永遠無法知道有軸心棒洗衣機的賣點

在日立家電所推出的暢銷商品中有一種叫做「不打結棒」的洗衣機，這個洗衣機的特色是在洗衣槽內突出一根具有風扇葉片的軸心棒，由於這根軸心棒有著極佳的洗衣效果，而被認爲是洗衣技術的劃時代創造。可是，其造型和一般洗衣機比較起來總令人覺得有些唐突。在開發當初，日立公司也因此而多少有些猶豫。雖然這種商品有很多好處，可是要在廣告上全部刊登出來卻是非常困難。

據說當時日立公司在討論銷售時，其訴求重點和商品名稱上衆說紛云、莫衷一是，一直無法取得共識。

清一色由男性所構成的宣傳小組日夜苦思不得其果，最後決定每個人都親身去嚐試洗衣服的經驗以體會主婦們的立場。這種決定看起來似乎有些自暴自棄，事實上，卻因此而使問題的解決露出了曙光。

當宣傳人員親身體驗洗衣服的過程後，才深切地體會到，脫水時衣服會打結在一起是多麼令主婦感到厭煩。小組人員一致確信不會讓衣服打結在一起的優點不但勝過其他優點，而且具有最強烈的訴求效果。

「不打結棒」的名稱也就是在企劃人員親自身體力行之後所得到的結果。而且，深深地抓住了主婦們的心。

例如，要向心儀的女性示愛時，如果只是考慮如何在言詞上做表達，則永遠無法得知對方的眞正意向。相反地只要勇於不斷地向對方開口，往往有所斬獲。新產品的銷售也是一樣，即使有再周密的銷售計劃，事實上鮮少能像桌上計劃一樣地順利進行。但是，只要讓推銷員勤加走訪市場，自然能夠了解其中有無問題。然後再根據這些實際行動所得到的結果，重新擬定銷售計劃，往往會得到比較理想的結果。

因此，當思考閉塞不通時，不妨先做一個「敲打檯」或先做一個試驗品，甚至乾脆實際付諸行動，這也是促進「思考」的一種重要技術。

2 只要肯四處多走動，狗也會碰上「好構想」

●現場分析比用頭腦思考更能得到答案

只知用「頭腦」思考的人，比不上用「脚」思考的人

某洗潔劑廠商決定向不同業界發展，其所決定的新事業是寵物食品的製造。當時寵物食品事業非常熱門而且參加經營的企業也非常多。

於是，那家廠商的構想是製造同時適合狗和貓的食品。該公司認爲如果能夠製造出同時適合狗和貓的食品，不但公司的宣傳費用可以減半，而且對於飼養狗或貓的消費者而言，也是一大福音。想要買狗類食品的人卻買到貓的食品，結果狗一點也不吃。這種令人啼笑皆非的事情，在當時似乎非常多。

當時該廠商的領導階層也認爲這的確是非常好的構想，可是經過反覆數次的試驗後，卻發現理論上認爲一定可行的食品，實際地讓狗和貓試吃的結果，雖然狗喜歡，貓卻興趣缺缺，或者相反地，貓吃了而狗卻滴口不沾。換言之，一直無法製造出同時讓狗和貓都非常喜歡吃的食品。

結果該廠商雖然製造出貓、狗都稍微肯吃的寵物食品，卻無法製造出貓和狗同時都很喜歡的食品。因此，這家廠商最後終於放棄了寵物食品的開發事業。

由這件事例我們不難發現構想和事實是有所差距的。試圖製造貓和狗同時喜歡的寵物食品構想確實頗具有前瞻性，可是實際上不可能有那種食品的。

在日本的電視CM中，曾經有一個風行一時極具效果的電視廣告，其內容是首先出現一個小孩在籠罩著夕陽餘暉的原野上奔跑的情景，然後配合著孩童呼叫「媽媽……」的聲音，接著出現「要買味噌請選『哈那馬耳奇』」的旁白。製造「哈那馬耳奇」味噌的廠商據說就是因爲這則電視廣告而隨之鴻圖大展，難怪有人說廣告的威力無與倫比。

據說這個廣告是由一家名不見經傳的廣告公司設計的。當初「哈那馬耳奇」味噌的宣傳原本是由某著名的廣告公司所負責的，而且決定以「日本第一的哈那馬耳奇味噌」爲主要的訴求宣言。

通常一則廣告的製作，負責設計的部門都會提出複數的企劃案，讓有關人員討論決定，可是那家小廣告公司爲了製造一個具有創新性的廣告，捨棄了用「頭腦」的思考方法，改採用「腳」走訪市場以收集現實的資料。

一般人是如何買味噌的呢？購買者當然是主婦，購買的方式也是一次只買二〇〇公克、三〇〇公克等零星交易。由於這些資料毫無創意可言，於是這家公司轉而調查什麼樣的話語最能引起購買味噌的主婦們注意。結果發現第一是「媽媽」、第二是「妳」、第三是「年終獎金」，而且排名第一的「媽媽」還佔有絕對多數的比例。

前述造成轟動的電視廣告，就是根據這些資料所製作出來的。或許我們也可以說這個電視廣告之所以如此打動人心，正是因爲有過實際的資料調查，而獲得了桌上作業難以憑空想像的台詞吧！

小麵館確保生意的資料運用

像這樣的資料收集與分析其實並不困難。即使不像大企業一樣有雄厚的資金也同樣辦得到。有一家小麵館，每天一到中午用餐時刻，要求午餐外送的電話就此起彼落，結果造成許多顧客抱怨電話打不通。

於是麵館老闆採取增加電話線路的對策，但是，由於電話訂購的人實在太多了，結果卻變成了在短短的午餐時間內，無法如數做好顧客的餐點而陷入經營混亂、進退維谷的狀態。

正當大家苦無對策之際，麵館老闆注意到了某事情。麵館老闆根據傳票將用電話訂購的客戶依其住所與所訂購的午餐歸納分類，結果發現請求外送的餐飲中陽春麵、乾麵、烏龍麵就佔了85％，而打電話來訂購的客戶絕大多數是附近工廠或住宅區的人。

於是麵館老闆根據這份資料訂購了一輛餐車，車上附有小型的廚房設備，可以煮麵食。

然後每天一到午餐的時候，該輛餐車就裝載著可以煮食陽春麵、乾麵、烏龍麵的材料，到附近的工廠和住宅區待命。當店裡接到要求外送的電話時，如果該客戶的住處與其所訂購的食物種類與餐車所擁有的條件符合時，店裡就用無線店將這位顧客的資料通知餐車，請餐車負責處理。這家麵館因爲有餐車的服務，對於午餐的電話訂購幾乎可以做到隨叫隨到的狀態，因而大發利市。

以前日本東寶公司的老闆小林一三先生，爲了想在東京蓋一座劇院而四處尋找場所時，也曾經有過這樣的例子。當時這位在阪急電鐵和寶塚女歌劇都有著驚人成就的小林先生，對於劇院場所的選定卻一直無法立下判斷。

在猶豫了一段長時間後，他想到了一個方法。那就是他請求東京都內的各派出所，調查一般人最會遺失錢包的地方，他的想法是錢包遺失最多的地方一定是消費活動最頻繁的地方。這可以說是利用仔細觀察「現場狀況」的方法以解決問題的典型例子。

若要想獲得新的構想，首先必須活動雙腳勤跑現場。日本刑事警察辦案時的金科玉律是「現場一〇〇次」，如果把它當做一種思考的技術，毋寧也是一個極爲管用的規則。

3 一時之間會把雞畫成四隻脚的理由

●要讓自己的想法具實化，最好把它說給人聽或用文字、繪畫表達出來

爲什麼老闆老是唱「獨角戲」給別人看呢？

我認識一位經營者，每當他在公司經營上碰到一些問題時，都會馬上找身邊的部屬或朋友過去商量。基本上他的說詞是「要找人商量」，可是幾乎都是他自己唱獨角戲給別人聽。雖然他也會問對方「你覺得如何？」但是，又會馬上表現出個人的意見，總讓人覺得他似乎是在自問自答。據說每當遇到這種情況時，該公司的職員都會嘲諠地說：

「老闆又要開始唱獨角戲了。」

這位經營者也經常找我去商量，可是每次跟他談話時，多半在我還未來得及提意見時他就對我連連稱謝說：「太感謝您了。似乎已經有了好結論。」其實我根本沒有提出任何建議。因此，每次都讓我覺得不好意思。

可是，對這位經營者來說，他認爲這樣已經足夠了。因爲，他根本不是要對方提供什麼好意見，而且也不是該公司職員們所說的老闆想要傳達個人意識的獨角戲。事實上，他只是

需要一個聽他談話的對象而已。

他找人去「商量」事情時，之所以要滔滔不絕地發表議論，多半是爲了整理自己的思緒。他眞正的意圖是想藉著在對別人發表意見的時候，將自己經過多方思考還無法確定的構想或疑問，明確地凸顯出來，以藉此找到解決的對策。

人的思考仍在腦海中打轉的時候，和已經準備要向外表現出來時是截然不同的。在思考事情時，人的意志構造會在無意識中想要避開對自己不利或不了解的部分。而且現實中的自我，根本不會發覺有這樣的事情，於是做出了所謂自以爲是的判斷，可是，如果將它明確地表達出來時，本來尚未充分理解的部分或問題點，馬上就暴露出來。即使自認爲在腦海中已經思考得相當透徹的構想，如果臨時要把它寫成文章或向他人說明時，往往會令人無法順暢地表現，甚至感到窘迫。

諸如這般自認爲在頭腦中已經非常透徹的構想，臨時要將它表現出來時，如果還會出現曖昧或非理論性的部分，那麼，當事者對那個構想的理解度以及思考方式的本身，一定有問題。

我所認識的那位經營者，就是爲了要找出問題點，所以才積極地找人來聽他的構想。也就是找一個自己可以信任的人來當自己的聽衆，好讓自己可以安心地發表意見，並藉此檢查自己的構想是否有問題或破綻。

思考技術的第一步是明白自己有什麼地方不明白

自認爲在自己腦中已經非常明白的事情，事實上卻一點也不明白的例子隨處可見。例如，現在住在大都會中的小孩子，有些人雖然吃過雞蛋，卻從沒有看過眞正的雞是長得什麼樣子。據說某小學老師曾經在上課中向學生講述有關雞的事情。這位老師同時還準備了雞的照片給學生看，那是一張來亨雞的照片，身體覆蓋著白色羽毛，有雞冠而且腳是黃色的。同時老師還詳細地說明一般大家所吃的雞蛋就是由這種雞所產下的。

最後，這位老師詢問在座的學生有關雞的事是否已經有些概念了呢？據說當時大部分的學生都點著頭說已經完全清楚了。

這位老師感到非常滿足。幾天後在上美術課的時候，有很多學生都畫了雞的圖畫，可是卻讓老師感到非常地驚訝。因爲，那些圖畫中有很多雞都被畫成了四隻腳。以前拿給學生看的照片，明明只有兩隻腳的雞，學生們卻以爲雞就像經常在他們身旁出現的貓或狗一樣有四隻腳。

事實上，這些學生都是視而不見的。雖然他們都看過了雞的照片，但是對雞的形態都沒有具體而正確的認識。因此，當他們要把雞的形態描繪出來時，這些不甚清楚的部分就會明顯地暴露出來。

在解決問題時，最重要的前提是，自己是否已明確地掌握住對於所有問題有什麼不清楚的部分。假如當時老師能看穿學生不甚了解之處而事先指出雞和貓、狗不一樣，只有兩隻腳，如此一來這些學生就不會犯下把雞畫成四隻腳的錯誤了。

假如能確實地掌握自己還不清楚的事情，自然就能清楚自己該去思考些什麼，自然就能夠集中精神。可是，如果不知道自己有什麼地方不清楚的話，則畫出四隻腳的雞也不足爲奇了。

第二次世界大戰後，建立日本保守政治基礎的吉田茂首相，被推崇爲「吉田學校」的校長，培育出許多的政治人物。

例如，池田勇人、佐藤榮作、田中角榮等都是吉田的門生。據說這位吉田先生最常命令學生做的事情是，叫他們寫文章然後檢視其文章的內容。事實上，美日舊金山條約中日本方面的條文就是吉田和佐藤奉吉田之命所撰寫的。當時，他們二人曾被命令重寫了好幾遍。雖然這並不是老師要學生畫雞的圖畫，但是，吉田要佐藤和池田寫文章的用意，是藉此檢查自己的想法是否已經正確地向他們傳達。

因此，如果你想要確認自己是否已經正確地掌握住問題，那麼，像池田、佐藤那樣地把自己的想法文章化也不失爲一個方法。

4 「愚昧的構想」、「冗長的構想」與腦筋休息無異

●曠日費時的解決方案必定有違背問題本質的地方

只爲了發射一枚火箭，爲何要花三年的時間以說服島民

最近幾年，學生上課時用錄音機錄音的傾向有明顯增加的趨勢。我認爲將老師的講課錄音並無可厚非。因此，並不加以制止。可是，每次我遇到這種學生時，心裏都有一個疑問：不知道他們在課後如何處理那些錄音帶。假如專心聽課的話，根本就不需要錄音。如果錄音是爲了重聽一次上課中沒有聽清楚的部分，那麼要在錄音帶中找出這些部分，也需要花費相當的時間。如果從頭聽一遍的話，就必須花費和上課相同的時間。就正常的觀點來看，學生不可能有這麼多空餘時間。

以一節課爲一個半小時來說，假如每天每節課都做錄音，錄音帶的數量必會急速增加。而這些錄音帶的大部分一定會被原封不動地堆放在架子上或自然遺失。這種情形恐怕不是一種推論，而是必然的事實吧。因此，就這一個觀點來看，上課用錄音機錄音本身應該可以說是頗有疑問的做法。只是那些學生們沒有發現其中的矛盾才會發生這種當局者迷的現象，其

原因是已經採行這種方法的人，多半認定這是至高無上的學習方法。他們再怎麼想也想不出有更好的方法了。

例如，在解答問題時，我們經常會犯下這種錯誤。做數學解答時本以為很快就可算出答案來，卻沒想到算式越做越長、越做越複雜。數學問題的解答，如果懂得正確的解題方法，其計算式通常都是非常簡潔的。

如果計算式過於冗長複雜時，最好重新檢查一下自己的思考路線是否有問題。可是，人往往會過度熱衷於思考問題要如何解答，而忽略了思考方式是否正確。

足以代表日本的科學家，並有火箭博士美譽的系川英夫先生曾經有如下的經驗。

當時日本科學界曾選定某座海島做火箭發射的基地，經過長久的準備而進入可以實際發射的階段時，該島的居民卻群起反對火箭的發射。於是全體技術人員總動員反覆地與島上居民談判、溝通以尋求他們的理解。可是，交涉卻一直陷入泥沼狀態，最後終於說服島上的居民，可是前後卻花費了三年的時間。

後來大家重新檢討這件事情時，才發現火箭的發射並不是非該島不行。可是卻從來沒有人發現這個事情。當時只要把火箭運到別的地方，說不定三年多前早就發射完成。據說，當時大家都太熱衷於要如何說服島民的問題上，所以才連「運輸」這麼簡單而容易的方法都沒有想到。

避免陷入「冗長思考」的四要點

尤其面臨困難的問題時，如果所採取的解決方法過於複雜時，方法本身的實行可能會喧賓奪主，而變成是行爲的目的。本來所採用的方法應該只是解決問題的一種手段，可是解決問題的手段最後卻變成行爲的目的。

這時人很容易陷入一種叫做「方法中毒」的狀態。由上述的例子我們可以很清楚地發現，只要狀況或時間沒有改變的話，人是很難從「方法中毒」的泥沼中掙脫出來的。上課時用錄音機錄音的學生，沒有發現其方法論的錯誤；解答數學時忽略了重新檢討思考路線而寫不出答案，這些都可以說是由於「方法中毒」的緣故。

解決問題時若要避免陷入這種「方法中毒」的狀態，最好是只以八〇%的精神去思考問題，而使二〇%的精神隨時處於清醒的狀態。可是，這是一般人很難如願以償的境界，如果要以意志力來防止陷入「方法中毒」，則似乎有下列的方法可行。

(1)設定重新檢討的時間。例如，每個禮拜至少檢討一次是否「除此之外別無它法」。

(2)一開始就要設定解決問題的期限。例如，「如果施行了一個月而問題還未解決，則該方法就要終止」。

(3)利用旅行等方式想辦法離開日常性、問題本身以拓展新的視野。

(4)在企劃中選定一人擔任審查的職務，隨時檢查所討論的問題。

正如解數學問題的算式越來越複雜，而給予懷疑反而是賢明之舉一樣，碰到問題解決變成冗長費時的狀況，最好懷疑是否在某處偏離了問題的本質。

陷入漫長的思考，乍看之下似乎正在思索中，事實上等於是腦筋的休息。爲了避免這種情況，無論那一種情況都應該不要忘了隨時確認爲何處理該問題的態度。發覺事情錯誤而重新再做時，必須花費雙倍的勞力。所以，隨時反省上述的四個項目。

想不出好構想的想法①

產生好構想

發現缺點時想辦法給予掩飾。

若有缺點則思考如何反過來給予應用。

想出好構想的想法・

反轉式的構想會

在成功者的背後緊追不捨。

思考與目前成功者相反的問題。

5 走一趟廁所，滯塞的思緒也會暢然開通

●當全體的氣氛達成共識時，暫時離開團體就可發現問題點

同調氣氛中疏忽了重要的問題

我的母親在住院中曾經喪失意識，根據從前檢查的結果，除了血醣質較高之外並無其他可能造成失神的原因。醫師們認為也許是血醣質較高所造成的，結果在大家的共識下正打算注射胰島素給予治療時，在旁聽事情原委的一名醫生說：

「在檢查之前是否吃了糖分較高的食品。」

聽了這番話調查之後，原來在檢查前的確吃了許多米飯和甜點，血醣質偏高乃是暫時的現象。失神時的母親正處於不打葡萄糖不行的低血醣狀態，那時如果以錯誤的判斷給予注射胰島素，恐怕因而遭致死亡的危險。

我並無意指責這些醫生的誤診，一個醫生所提出的疑問只是遲早的問題而已，即使已經決定做胰島素治療，醫師在做這項治療之前應該也會產生同樣的疑問而重新做檢查。現實上大概不會出現這樣的錯誤吧。

不過，我之所以提這個例子，乃是因爲在商場界也有不少面臨同樣的局面因無法發現其中的問題，而慘遭滑鐵盧的例子。

譬如，被迫做某個決定或判斷時，是否具有「大家都這麼做大概沒問題」「形勢既是如此大概沒有問題」的心態？也許從來沒有人難逃這樣的心態。因爲，人多多少少都具有被大衆左右的心態。具有認爲和他人採取同樣的行動才可以獲得安心的傾向。

心理學上稱此爲「同調性的心理」，這種心理結構往往蒙混我們的眼睛，造成我們無法察覺到潛伏在事情底下的問題點的原因之一。若處於「同調」的巢臼內就很難察覺到這個錯覺。這乃是發現問題的要領之一，從前述的例子就可充分地明白若要探討問題的所在，應該從同調的意識中往後退一步重新正視問題。

人所具有的這種心理結構比想像的還要難以控制。美國就曾經有過這樣的例子。

某服務生在托盤上放一枚十分硬幣以誘導顧客的小費，看到這個情況的另一個服務生，於是模仿她在托盤上放一枚二十五分的硬幣。兩個鐘頭後這兩個服務生所得到的小費如何呢？當然是模仿別人的服務生獲勝。

她不但竊取他人的智慧還多拿了二點五倍的小費。這個道理非常簡單，當顧客離去時，往往不知該放多少小費。既不願意比其他的顧客多給，拿得太少也覺得沒面子。因此，就看托盤上的硬幣決定。

這位懂得掌握顧客心理而放二十五分硬幣的服務生當然獲勝。

人畏懼「團體標準」

正如「大家一起闖紅燈就不怕」的心理一樣，在團體裡即使想要擁有個人的思想或主張，有時卻會因某種狀況而自然地被團體的趨勢所左右。從某個觀點來看，這和洗腦的原理相同。譬如，在人潮洶湧的衆人之前反覆煽動性演說的獨裁者，希特勒或學生運動，一般人處於大衆之間是很難保存「個體」的觀念、主張。

在心理學上有一個直接地表現同調性心理的實驗。在一間暗黑的房間裡固定一把手電筒，用一塊只穿有一個針孔的黑布蓋在這個手電筒上，光線只從這個針孔透出，讓數名實驗者凝視這道光。雖然從這個針孔所透出的光點是固定不動的，但是一直凝視著看時，不久似乎開始移動。

人一般是從物體之間的相對位置察覺物體的動作，而在這個暗黑的房間裡並沒有「支撐」這種知覺的其他物體。因此，光好像移動了起來一樣。

這個現象稱爲「錨頭不存在所產生的自動運動」，從這個實驗還發現一個有趣的現象，是受驗者的報告各有不同。有人說是「往斜上方三公分」有人則說是「往右方十公分」或「左右各偏離七公分」等等。

把這個結果讓受驗者彼此做一番檢討後，再重新考慮自己所認定的數值時，結果得到一個接近於全員平均值的數值而標準化。這在心理學上稱爲「團體標準」。接著，再讓全員做一次同樣的實驗後，毫無例外地，全體所認定的數值和團體所得的標準值一致。換言之，對事物的看法已被團體的標準所同化。

正如剛從大溪地島回到法國的高更的畫，除了狄加以外沒有任何人賞識一樣，在「全場一致」的氣氛中，經常帶有恐怕將曠世名作當成愚作的危險。

採取物理上的距離以避免受全場一致的氣氛所左右

從前，日本有一個經常以嶄新構想讓世人大爲震驚的人，他就是從一家小出版事業搖身一變爲流行飾品的超級廠商「SANRIO」的社長石信太郎先生。

一九七三年因石油危機，社會景氣大受影響時，許多廠商紛紛以提高商品價格以突破成本提高的難關，然而石先生斷然打出「半年內不漲價」的號召。石先生確信半年內仍可保持原料來源，經濟尚爲穩定。不過，「SANRIO」的決斷在一片漲價聲中，對飽受剝削的消費者而言是多麼地令人感激與歡迎。若沒有石先生力挽狂瀾的果敢決斷，是否有今日的「SANRIO」則不得而知。

西武集團的「無印良品」也是令我大感佩服的例子之一。西友所開發的這些商品並不拘泥於外裝或品牌，而以良好品質爲訴求重點。在其他商品全以商標的價格表示其品質的市場中，西友果敢地把品質的基準置於商品本位上，藉由外裝修飾上的簡略以降低價格。從某個觀點來看，這當然是違背時代而行的作法。不過，更重視品質的消費者當然不會忽視它。這個趨勢不知何時竟然蔚成一股風潮，目前「NO BRAND」已變成一種商標，還帶有創造消費者紮實形象的感覺。

在會議中當全體的意見開始朝向一致時，以全體的判斷所朝的方向而言，其中正隱藏著危機。如果以爲會議中全體的氣氛開始朝向一致的狀況，乃是大家經過一番議論後的結果，在思考上是欠缺熟慮。當然也有這樣的狀況，不過，正如前述的心理實驗一樣，這種傾向多半是團體內的「同調性」使個體的見解被壓抑在意識下的結果。人的思考在團體中和獨自思考時是不一樣的。

發現問題的要領，可以說是暫時脫離團體返回個體的自己。其方法是在物理上、空間上和所屬的團體保持距離。譬如，在會議途中到洗手間或稍微挪後時間再參與會談，這都足以產生和全體的氣氛大不相同的視點。同時，這也是重新洗滌被團體所壓抑的個體的見解，主動促成構想轉換的作業。

6 追逐二兔而獲三兔的方法

●為某事忙得不可開交時更應該找其他的問題來處理

專注在眼前的工作上連該工作也無法辦成

不論任何工作，人只要越投入在工作上越容易陷入無法看清楚其他工作的「視野狹隘」的心理。因爲緊湊的行程忙得不可開交或工作做得起勁而持續眼中只有工作的狀態時，很容易只注重眼前的問題而錯失了更重大的問題。

曾經有一位生理學家進行調查蝗蟲的腳關節。剛開始這項調查是屬於解開心理學上某個問題的一環。但是，隨著研究的進行，這位生理學家開始對蝗蟲的腳產生興趣，不久他全副精神已投入蝗蟲的腳關節上，腦中再也容不下其他的問題。結果，不知不覺中忘了剛開始想要研究的生理學上的題目，同時，對於利用與該題目的關連而可明確獲得解答的蝗蟲關節的機能，本身也只有狹窄的見解。

不僅是這位生理學家，人不知何故很容易陷入這種視野狹隘中。尤其是對工作越認眞的人，這種傾向似乎越強。事實上有許多因爲視野狹隘而造成無法一笑視之的事例。

譬如，第二次大戰中根據美國的曼哈頓計劃而從事原子彈開發的許多科學家，由於熱衷於開發研究，甚至連原子彈問世後對這個世界的影響的重大問題，竟然沒有任何顧慮。而在原子彈產生之後才驚恐於它所帶來的威脅而表示反對原子彈的態度。這也可以說是任何人都很容易陷入視野狹隘的典型之一。我們的日常生活中經常可見這樣的例子。

譬如，某零件廠商爲了配合這個月的交貨期而拼命地製造商品。但是，一再催促下游廠商的結果反而造成品質不良，恐怕還因而延誤交貨期，於是又埋頭於品質管理的補足工作上，而無法顧及其他的工作。甚至無法調整進行工作時最爲重要的「程序」。同時，也無法冷靜地分析工作無法順利的理由，終於陷入工作狀況漸漸拖延的惡性循環。結果延誤了交貨期。事實上，只要把下游業者分成兩家就能輕易地解決這個問題。但是，因爲陷入視野狹隘的巢臼而無法發覺任何人都可輕易發覺的問題，只是一再地催促下游業者連日趕工以便交貨。

預防視野狹隘的並行處理方式

爲了避免陷入這種視野狹隘，必須暫時離開工作的現場，從第三者的立場客觀地反省目前的工作。但是，當投入於某項工作上時，人的意識往往拘泥在那件工作上而難以離開。因此，碰到這種狀況應試著處理另一件工作以強制性地把意志岔開。俗話說「追逐二兔而兩頭落空」，不過，以對事物的思考方式而言，具有追逐「二兔」的充裕感，有助於追逐一兔，甚至還可能獲得二兔、三兔。

以這個零件廠商的例子而言，應該配合目前承購的工作進行下個月的工作，如此一來在對下個月的工作進行分配、準備時，就能產生客觀地看待目前所進行的工作優點。當能客觀地看待自己的工作時，就能清楚下游廠商是否太少？能不能調配下個月和這個月的流程？甚至在整個製造工程上是否有牽強之處的問題點。

很久以前，日本有一家公司徹底地實行這個教訓。從前大發汽車製造小型三輪卡車時，太陽工業公司一手承包其斗蓬的製造。大發汽車出產的小型三輪卡車是當時大爲暢銷的商品。因此，光是斗蓬的營業額就佔居太陽工業總營業額的七成。當時的太陽工業每天都加班趕工，但是，能村龍太郎在這個忙得不可開交的時期，卻著手於另一個嶄新的商品研究。

能村先生命令職員儘量收集國外的資料並派遣職員到歐美各地研究海外的動向。結果，他發現日本製造三輪卡車的同時，世界各地正大量製造小貨車。換言之，應該可以預測到數年後日本應該也是小貨車的市場，三輪卡車所必要的斗蓬將會沒落。因此，太陽工業開始著手研究開發小貨車的內部裝璜，終於巧妙地適應了隨即而來的小貨車時代。

太陽工業之所以在市場的轉變中不被淘汰而生存，乃是因爲在忙於生產斗蓬時也能從事另一項產品的研究開發工作，而沒有陷入視野狹隘。因爲能夠從斗蓬生產中完全脫離出來，才能找出接下來可能產生的更重大問題而給予處理。

7 產生好構想的「樓梯」效果

●出現一個答案時正是依序找出其他答案的契機

人在鬆懈時最容易「遺忘」

人具有陷入緊張狀態時思考的指向性變得狹隘的傾向。處理越是難以解決的問題越無法掌握解決的茅頭，同時，認爲自己所被交待處理的事情是個難題時，越深信其解決的方法只有一個。

職業棒球的新人投手碰到滿壘的狀況，會出人意外地投出正中央快速直球的行爲，多半也是出於這種心理狀態。因爲，他深信碰到這樣的局面只有以快速直球給予三振，則無突破困境的方法。

從問題解決的方法和目的之間的關係來看，似乎可以大致區分爲兩種處理方式。它可比擬爲射擊型和撞球型。射擊的特徵是子彈一個而標的也只有一個，一發必中乃是射擊的原則。但是，撞球的一發必中並沒有分出勝負。撞擊一個球若沒有再撞擊兩個、三個、四個，甚至更多的球則無法獲得點數。

所以，玩撞球的要領是以自己的球對準目標的球時，應事先計算採取什麼樣的角度才能對準下面的目標，一開始就設定複數的目標。

一般的問題解決法是採取撞球的方式，面對一個問題找出數個解答是最上乘的方法。但是，人碰到難題時只想找出一個解答，當獲得最初的解答時，就感到放心而不再尋找其他的解答。

從前，筆者曾經在電視上做了一個「使人忘記東西」的實驗。當受驗者進入室內以前，我交給他們一個大的信封並告訴他們說：

「這是重要的文件，離開房間之前一定要交回。」

然後帶他們進入室內並指示他們把信封放在桌子底下，再提出許多困難的問題考他們的腦力。在百般刁難之後告訴他們說：「辛苦了，已經結束了。」才讓他們回去。受驗者個個鬆了一大口氣離開房間，這時有許多人忘了把信封交回來。

那是因爲人面對緊張的狀況而獲得解放時，連對其他方面的注意力也一併鬆弛的關係。原本屬於撞球型的問題解決，會因爲過度緊張變成射擊型，而把精神全部集中在某處。當找出一個答案後，竟然「忘記」還要找尋另外的答案。

尤其是最近的學校教育所教育出來的只會塡寫答案或死背死記的新生代，具有認定一個問題只有一個解答的傾向。

在這種教育下，學生彷彿一開始就被置身於緊張的狀態一樣，也難怪思慮的幅度會變得狹窄。一個問題只有一個答案的「一對一」思考模式，很難產生嶄新的構想。在考慮「砂糖」這個問題時並不只有砂糖等於甜的調味料而已，甜的、白的、可溶性、粉末狀的調味料↓砂糖，諸如這般，若具有從其他各個視點或屬性找出「砂糖」這個解答的集中思考法，那麼也可把箭頭的方向扭轉做擴散思考。這時，箭號左右的項目絕不是一對一。

一個解答是誘導其他答案的暖身運動

在企業的宣傳戰略中也有許多因爲過度把某個特性做爲訴求重點而蒙受損失的例子。舉例而言，日本武田藥品曾經開發一名爲「イの一番」的調味料，其販賣策略之所以變成不利，據說乃是出在這個商品廣告中所附帶的「調味料之本」的宣傳字句。事實上它是融合昆布的主要成分穀氨基醯氨酸鈉和柴魚片的主要成分「INOSINICACID」而成，所以的確是名符其實的「調味料之本」。但是，由於過度強調其屬性，而造成家庭主婦們埋怨飯桌上能使用的調味料變成只能在廚房裡使用。

當然，有些商品集中性地訴求其特性中的一項反而有效。不過，在此所要強調的是，一般人面臨困難的問題時，越容易陷入射擊型的思考，而找到一個解決之策後就大爲放心，因此疏忽掉探討在這個解決策略的延長線上應有的其他解決方法。找到一個答案是發覺其他解答的絕好機會。至少在心態上會因有了解答或可以找到答案而處於高亢狀態。

正如一家接著一家喝酒而使酒興越來越好的狀態一樣，在情況順利時，應該以第一個答案做爲投石問路之，試著去找其他的答案。

而且，一個答案中可能有數種類似的狀況。有時在思考類似的狀況時，也會想到另一個方向的解決之策。

總而言之，最好從一個答案以拔芋頭的方式找出更多的解答。

應用腦筋和攀爬梯形山類似。攀爬在山脊上時會碰到數個高丘而錯覺它就是山頂。

但是，那並非實際的山頂，只不過是爬到山頂的過程中所碰到的數個山脊之一。但是，如果錯覺爲第一個山脊就是山頂而折回的話，就不知道眞正的山頂在何處。這是多麼可惜啊。

想不出好構想的想法②

產生好構想

找到一個好答案就以爲塵埃落定。

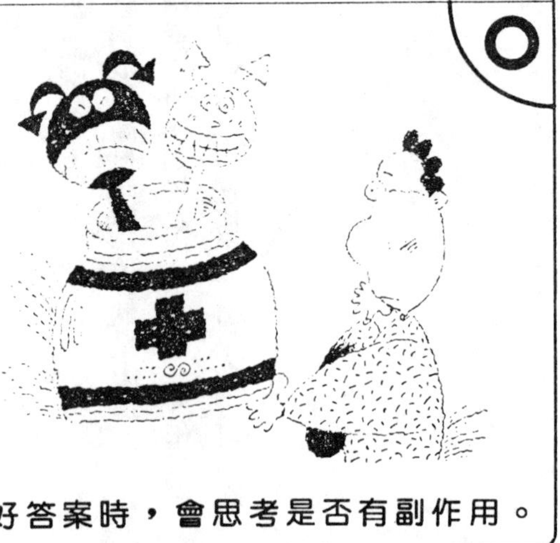

找到好答案時，會思考是否有副作用。

想出好構想的想法・

危機感意識會

看似沒有問題時，就不找問題。

看似沒有問題時，會刻意地尋找問題。

8 以激烈的議論打通陷入膠著狀態的會議

●當思考陷入原地繞轉的困境時，利用腦力激盪法或自由聯想法斷絕惡性循環

如何才能使女廁所不沖兩次水

據說人的雙腳左右長度各不相同。如果雙腳中有一隻腳較長時，在平地上步行就無法一直往前走，無意識中會繞著大圓走回原處。在白茫茫毫無目標的雪地，又無羅盤做爲憑藉時，多半會在原地繞轉而遭逢不幸。這稱爲「Ring. Wanderung」，也許是因爲雙腳長度不同而造成的吧。

同樣地，在思考事物時也會產生類似的現象。認眞地思考時卻會碰到原地繞轉的狀態。傷腦筋的是思考者本身認爲自己正在思考，而没有察覺到何以無法產生好構想與結論。而且，如果繞轉的狀態是呈螺旋狀往上旋轉倒還可取，但是，若是在平面上畫圓似地繞轉則於事無補。換言之，這只不過是「返回原點」的思考。在會議中進行討論時，有許多人大概經驗過雖然出現了幾個議案，結果還是回到原來的議題上，只好改天再議的情況。

即使會議中有不少人發表意見，但是如果只在原地繞轉，等於和會議的進行陷入停滯的狀態是一樣的。爲了預防這個弊端，可採取讓全體人員自由發表意見的腦力激盪。腦力激盪的原則是對他人所提的意見不表示「異議」。不過，對於他人所提出的意見若有人認爲事實上並非如此、或根本辦不到時，本來想利用活潑議論的方式以打破停滯的狀態，反而因此而失去了發表意見的自由，結果恐怕又陷入繞回起點的惡性循環。

全世界鬧石油危機的時期，日本某公司爲了節約能源欲擬出對策以縮減女廁所的水費，於是全公司上下廣求避免女職員上洗手間沖兩次水的構想。所得到的回答中不乏新鮮的點子。例如，「在洗手間裝置錄有水流聲音卡帶做 BGM 播放」「將洗手間做成隔音設備」「在便器中擺放可以吸收聲音的海綿之類的物質」「廢止手動的小栓，像男廁所一樣改成一定的時間會自動流出水的裝置」「沖一次水後五分鐘內不會再有水」「把洗手間便器的入口前後對調」（就不知道有誰使用過而不會在意）等等，其中不乏可實際派上用場的好主意。

當然，也有不切實際的構想，譬如「大聲唱歌或敲門、乾咳等以蒙混解尿的聲音」「不要讓女職員喝茶或水」「改變一般人的常識把發出響聲當成是女性的教養」「改成掏取式（不必沖水）」「利用耳塞或隨身聽」（因爲這乃是自我意識的問題）等等。腦力激盪的目的就是爲了產生各式各樣千奇百怪的意見。當集合這些意見送交社長審核時，社長說：「正如男性站著解尿感到爽快一樣，也應該讓女性藉著沖水的聲音以體驗小解的解放感。如果因此能解除其精神壓力而產生勞動意慾，水費根本不成問題。」就因為這番話此議題終於塵埃落定。這位社長的意見也可以說是腦力激盪的一案吧。

將無意識中的思考活動意識化的「自由聯想法」

和腦力激盪同樣地，「自由聯想法」也是產生嶄新構想的方法之一。對人的思考活動做一番分析時，會發現我們在無意識中會經歷相當複雜的思考過程。譬如，針對一個問題在腦中首先動員的是和該問題相關的過去的知識或情報。如果藉由過去的知識或情報無法獲得解決時，我們接著會從和該問題沒有直接關係的情報收集中想辦法找出解決之策，這稱為「再生性思考」。而自由聯想法和「再生性思考」同樣地是利用腦中所記憶的材料以解決所面臨的問題的方法。

在說明上雖然頗為困難，不過，這是人在日常生活中常有的行為。只不過是刻意地把它做出來而已。而精神分析學所採取的治療法和「自由聯想法」頗為接近。

若以調查年輕人的意識構造為例，首先儘量列舉和年輕人的行動特性相關的事項。牛仔褲、迪斯可、緊身衣褲、MTV……。再把這些項目分類檢討，從中掌握年輕人的特性而運用在商業活動中。不僅是商業活動，自由聯想法也有助於改變人的想法。和腦力激盪同樣地，其要領是儘可能地列舉所想到的事物，構想越多當然越容易想出好的點子。

9 場所改變頭腦的思緒也煥然一新

●即使只是改變職場、個室的環境就能在例行公事中找到問題點

使發現問題的眼睛蒙蔽的例行公事

日本JR電車每碰到下雨天一定會在車內廣播：「請不要忘了自己的傘。「傘的確是名列遺失物中的前茅。這個廣播無非是要提醒乘客的注意。但是，一成不變的廣播詞有何意義呢？如果在廣播中改口說：「目前送到東京車站的遺失物管理處的雨傘，已超過三〇〇把，請各位注意自己手邊的傘。」乘客們一定會洗耳恭聽。如果眞的想要提醒乘客不要掉傘，應該會採取上述的廣播方式或其他的方法。但是，這些廣播已變成例行公事，甚至沒有人有新的作法的構想。即使是廣播同樣的內容，也不要把它當成例行公事，想辦法吸引顧客注意的話，就能經常對工作抱著新鮮感，也不會蒙蔽發現問題點的眼睛。

在各地的工地或工廠裡常有「注意安全」的警告標語。但是，這些標語大多沾滿了工廠的塵埃或污煤，已經髒得看不清楚。每次看到這些標語時，我都諷刺地問：「貴公司難道常發生事故或意外？」既然要張貼警告標語，如果沒有每天更改也無妨的決心，這些標語有等

於無。過往行人若每天都看著同樣的標語，一定會覺得千篇一律不足爲奇，這也難怪一些警告招牌無法吸引行人的注意。

企業界最畏懼的就是失去個性陷入千篇一律的巢臼。爲了預防千篇一律的無個性化，某些公司定期地做人事更動或職位轉換。不過，這不僅是企業界的問題，在擬定嶄新構想時也必須防止陷入千篇一律的老套。

公司內的業務多半是例行公事，很容易陷入因循化。人一旦習慣了某些老規矩後，就難有嶄新的構想。在公車上碰到急轉彎時趕緊向孩子叮嚀說：「抓牢一點否則危險！」這時確實能使孩子把注意力集中在這一點上，使命地抓牢父母的手。這是因爲幼兒的精神構造較單純，心理和肉體的緊張比較容易達成一致。但是，長大之後這兩者就漸漸分離。即使在行動上多麼地緊張，卻很難影響到心情也跟著緊張。因此，平常的小心注意是非常重要的。

只是改變通勤的路程連思考的脈絡也跟著改變

前東大教授、地球物理學家竹內均先生，據說目前不但擔任科學的總編輯也是某補習班的班主任。他是對各種事物都有興趣，具有相當圓滑而變通的思考模式的人，我認爲他之所以能夠擁有柔軟的思考性，也許是在東大教書的時期藉由通勤方法所維持的。

竹內均先生到東大授課時，有時會利用ＪＲ電車從水道橋或御茶水車站步行到學校。有時則搭地下鐵千代田線，從湯島車站走到學校。有時則利用巴士，據說每天都改變通勤方式。換言之，他是經常利用改變通勤方式以防止思考陷入一成不變的巢臼裡。

各位何妨試著每天更改日常的行動？可以效法竹內先生改變通勤方法，也可改變座椅的方向，或者把桌面整理得一乾二淨也能改變對工作的意慾。甚至有些人每天留意上班時要規規矩矩地向上司、同事打招呼，就能突破對工作所抱持的因循舊規的僻性。只要嘗試改變一下生活空間，自然就會產生嶄新的構想。

除了改變生活空間以外，筆者還有一項建議。

筆者曾經會晤創造各式各樣嶄新構想，在商業界頂頂大名的某電器公司的會長，據說會長經常告訴年輕人說：「想工作上的事，不要想人的事。」換言之，只管思索工作上的事而不必考慮和工作相關的人際關係。因爲，如果想到人的事情，即使想要有一番新作爲時，往往擔心某某人反對或上級可能有所指責，結果連嶄新的構想也說不出口。如果只考慮工作上的事情，自然就會產生各種的構想，而抹滅這些構想的就是人。

前述傘的例子也是一樣。如果具有希望乘客不要掉傘的工作上的強烈意識，應該考慮如何才能使乘客記得帶傘。但是，一旦想起自己的意見也許會被同事恥笑時，就什麼也開不了口。如此一來，即使產生廢止例行公事或因循舊規的構想，結果也是無疾而終。

利用列表檢查法打破固定觀念

運用列表檢查法時很容易產生脫離固有常識或觀念的構想。下面介紹的是我平常所運用的檢查表。

有沒有和這個類似的東西？

如果改變顏色、形狀、位置、材質、順序、日程的話？

是否可以變大或變小？

是否可以增多或減少？

是否可以改成朝上或朝下？

是否可翻過來或反轉？

是否可做成直、橫或斜向？

是否可做成平面、立體、球形、圓形、四方形、三角形或圓筒形？

是否可無限延長或縮短？

激發好構想的資料①

是否可變高、變低、變長、變短？

是否可變硬、變軟、變強、變弱？

是否可變粗、變細、變厚、變薄？

加長兩倍或減成一半的情形如何？

是否可組合或分離？

改成迴轉式的情況如何？

是否可做成成人用、兒童用、男用、女用？

如果多花點時間或縮短時間的情況如何？

以過去或未來的視點來觀察時？

若由其他人來做時情況如何？

是否可做成機器？

是否可利用水、電氣、火、光？……

第二章

三個臭皮匠勝過一個諸葛亮

活用他人的方法以產生新構想

10 「洗耳恭聽」可培育「思考的頭腦」

●唯有認定「絕對是這樣」時才會陷入自我思考的窠臼而不顧他人的感受

判斷時不只根據職員的感想而獲得成功的賀魯滋糖果

在日本有人向某食品公司推薦從美國引進的某清涼飲料。當然，該公司的幹部首先試飲。「怎麼有一股藥味？雖然還有甜味，刺激卻嫌太強，大概不適合日本人吧？雖然這是美國的暢銷商品，不過，日本人的舌頭較爲敏感，鐵定賣不出去的啊！」這是上自董事長下至所有幹部的意見。

於是原本的合作計劃無疾而終，美方只好獨力開拓市場。但是，這個清涼飲料正是目前日本全國各地的年輕人愛不釋口的可口可樂。

如果當時這個清涼飲料並不只有幹部試飲，也讓年輕的職員嘗試的話，情況也許大不相同。他們的感覺一定和幹部的反應大不相同。這些幹部認定自己的味覺絕對正確，不聽從他人的感受，才眼睜睜地錯失了大發利市的商品。

各位是否知道由美國引進日本的一種商品名叫賀魯滋的糖果？據說這和可口可樂一樣，當初在日本公司裡幾乎乏人問津。

吃過這個糖果的人就明白，它一點也沒有糖果的味道。不但不甜還有強烈的刺激味。而且，這個刺激並非薄荷等的刺激可以比擬。誇張地說，刺激得彷彿要令人沖上天一樣。這是日本人以往從未經驗過的刺激。

把賀魯滋糖果引進市場的是一家美國系企業，華納・蘭巴特公司。而將賀魯滋糖果帶進公司的是，社長奧克因先生本人。

據說品嚐了社長所發下的賀魯滋糖果的職員們，個個皺起了眉頭。只感到一股強烈的辛辣一點也不好吃。和可口可樂當初試喝時同樣的反應。職員們群起反對。社長卻建議進行市場調查。據說結果非常悽慘。

但是，社長一點也不死心。他選擇一個郊區都市，建議先作試驗販賣。他們將廣告設定在山梨縣的甲府市，開始作試驗性的銷售，結果竟然大爲暢銷。彷佛長了翅膀一樣地行情看俏。

據說任何一個國家的公司主管都反對出售這個糖果。他們所持的反對意見是：我們的味覺不同、較爲特別等等，但是，這乃是認定自己覺得不好吃的東西，別人也不可能覺得好吃的一種自我認定。

兒童的視點所看到的世界

筆者曾經企劃一個「Film Report」讓日本NHK在四月升學季節放映。這是為了讓該年自己的孩子升小學的母親或學校的有關人士觀賞的節目。

那個節目叫做「一‧一m的視野」。這是以小學一年級學生的眼睛高度所看到的世界而命名。把照相機擺在和小學一年級新生的兒童，離地面的眼睛高度同樣的位置，拍攝街道、學校及家庭中的狀況。結果會如何呢？

從這個高度的照相機鏡頭看街道時，雖然可以進入電話亭，卻無法把銅板放進電話裡撥電話號碼。回到家時如果所住的是高樓大廈或公寓房子，那麼，住在上層的孩子也無法按電梯上的按鈕。

這是令人驚訝的事實。成年人以為自己所看得到的世界才是世界，然而以孩子的眼光來看世界時，同樣的世界卻彷彿另外一個世界般。這可以說是改變視點才能消除個人的自我認定的最佳例子。

不過，人往往無法察覺自己正陷入自我認定中。甚至無法懷疑自己的觀念是否陷入單純的自我認定中。確認自己的觀點是否是自我認定的一個標準，是說話時是否一再地使用「絕對」或「毫無疑問」等完全肯定的語句。碰到這種狀況正是必須對他人的意見「洗耳恭聽」

的時候。從傾聽他人所做的判斷以借用別人的視點。

如果沒有「洗耳恭聽之耳」，即使有多麼優越的「思考頭腦」也難以做正確的判斷。而且，假借他人的視點時，還應具備對不同環境、年齡的人所發表的意見「洗耳恭聽」。這遠比吸收處於同樣環境或同樣年代的人的意見，所獲得意想不到的見解的機會還多。

詢問他人的意見時有兩種方法。一對一的詢問法和聚集數人詢問其意見的方法。若採取一對一的方式可聽得較爲深入而徹底，但是，卻無法詢求其他人的意見。目前相當盛行所謂的集體對談，這是聚集數人進行檢討的方法。若採取這個方法，具有在他人的意見誘導下重新發現另一個意見的利點。

11 誘導出良好意見的「GIVE AND TAKE」方式

●應先整理自己的意見之後再詢問他人的意見

高木總裁如何詢問知識份子的意見

日本國鐵總裁時代的高木文雄先生爲了改善一再呈現赤字的國鐵營運，每個月一次邀請當時的學者、作家及西武集團的總裁堤清二先生、小松製作所的河合良成會長等和個人的智囊團一起用餐聚會。

有一次，曾經以如何解除國鐵赤字的計劃爲話題。

當時首都圈國鐵的最大煩惱之一是，深夜營業時間帶拖延甚晚，和早晨第一班電車之間的空檔太短。最後一班電車太晚了，經常被醉漢弄得亂七八糟。同時，站員又少，掃除必須花時間，爲了配合早晨第一班電車的行駛，無論如何必須花費人工清掃費。所以，如果能將最後班列車的行駛時間稍微往上挪，並延緩早晨第一班列車的行駛，從各個觀點來看就可以使首都圈的國鐵營運獲得紓解。

高木先生向在場的人士提出這個建議。

但是，所得到的回答卻非常悽慘。

「怎麼可能！這不等於剝奪了首都圈勞動者的工作時間嗎？」

「雖然全部集中在首都圈並非良好的現象，不過，現實中有許多人渴望國鐵能二十四小時營運，現在的大都會根本不再有『夜晚』。如果依您的意見等於是和時代的趨勢背道而馳。」

「首先，乘客根本不會信服。」

從各種角度出現了「不同的意見」。結果，高木總裁似乎放棄把最後一班列車的時間往上挪的想法，不過，在這個聚會裡高木總裁採取向衆人詢問意見的方法，倒値得注目。

如果這時高木總裁採取被動的詢問法說：「我想消除國鐵的赤字，該怎麼辦？」在場的知識份子們大概也不會有什麼了不起的見解吧。因爲高木總裁所提出的意見非常確實而具體，所以，才能誘使智囊團們毫無顧忌地說出其眞心話。

雖然，高木總裁無法獲得大家對自己想法的認同，但是，卻也能大致地掌握住有關國鐵營運上成爲參考的知識份子的「輿論」。

詢問他人意見時的兩個階段

爲了解決問題而向他人詢問意見時的方法可分爲：①做爲判斷的材料所進行的預備調查

、事前採訪的階段。②做爲決定性判斷的參考向他人詢問意見時，並非只是詢問贊成或反對的意見，而是誘導出具體對策的階段。

在①的階段很容易陷入的盲點是雖然做爲問題解決的材料還不夠充分，卻以爲材料已經足夠了。即使自己以爲對問題已經掌握得十分清楚，然而詢問他人意見時往往會有意外的展望。

日本現衆議院議員武村正義先生在擔任滋賀縣縣長時，深受縣民愛戴，擁有「大家長」的稱謂。曾經爲防衛琵琶湖遭受公害主持正義。在他擔任八日市市長的時候，每到夏天會在市政府前掛斗蓬擺上桌椅，稱其爲納涼商談，市長親自穿上夏天的浴衣傾聽過往市民的意見。他把所聽取的市民們的直接心聲反應在市政上，產生了無公害的「腳踏車都市宣言」，不要撐傘可在繁華街上步行的「有屋頂都市」等構想。

筆者在大學時代加入腳踏車社團，當時和我的專攻不同的工學部學生們一起拼裝腳踏車、搭乘腳踏車兜風。我記得對文科系的我而言，從與自己所學完全不同的理科同學身上所獲得的異質情報，感到大爲刺激。

現在每次參加各種聚會時，我都主動和平常因職業、環境不同而沒有交際往來的人談話，藉故使自己的腦筋靈活。企業界的主腦人物們在所謂的「早餐會」上，密佈做爲異質情報交換的天線，都是出自一起共餐以吸收、咀嚼他人意見的求知慾。

在②的階段必須有相當的技術才能巧妙地收集到「他人的意見」。詢問他人意見時最差勁的詢問法是可以用YES、NO簡單回答的問題，第二則是「該怎麼辦？」「誰較好？」之類的問法。

「反對嗎？」「是的」、「吃驚嗎？」「不。」如此的問答並無法聽出對方的意見。各位不妨試著向身旁的人問說：「你的父親是什麼樣的人？」一般人聽到這個問題幾乎無法立即回答。但是，如果說：「你的父親是位公務員，畢業於國立大學，興趣是打高爾夫，身高有一八〇公分吧？」

這樣的詢問方式一定可以得到與問題內容對應的答案。「不，哪是這樣。只不過是高中畢業，喜歡卡拉OK的老先生。而且，身高只有一六〇公分。」

具體地陳述自己的意見後對方也能具體地作答。「GIVE AND TAKE」的詢問方式可說是誘導他人說出自己意見的要訣。

想不出好主意的想法③

產生好主意

認爲「有音訊就是好音訊」。

認爲「沒有音訊就是不好的音訊」。

想出好主意的想法・

對嘗試的挑戰會

×

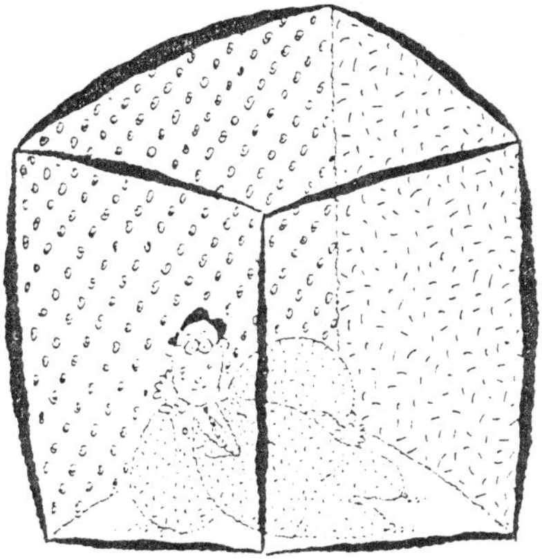

認為禁忌是為了防衛而存在。

○

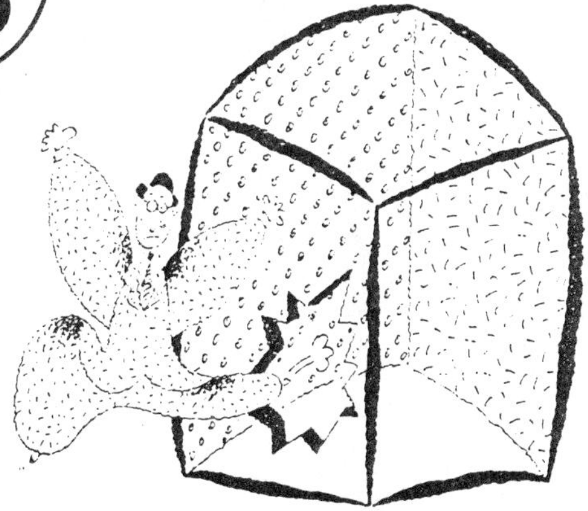

認為禁忌是為了突破而存在。

12 將他人的觀念翻譯成「自己的用語」的方法

●參考他人的想法時必須轉變為自己的用語，成為適合自己的觀念

將他人的意見囫圇吞棗和害死驢子的父子沒有兩樣

伊索寓言中有一則父子二人帶著驢子去賣的故事。父子倆牽著驢子打算到市場去賣，而路過某個村子時，村人看見父子二人暗中說：

「怎麼這麼傻呢？不騎在驢子上走著幹什麼？」

聽到這番話的父子覺得頗有道理，於是二人同時騎在驢子上，驢子禁不住背上的沉重而累倒。因此，決定只讓兒子搭在驢上。但是，又聽到路人的竊竊私語：

「眞是不孝的孩子！」

於是改由父親騎驢子。結果又被人指責說：「怎麼可以騎在要出售的動物背上。」

父子兩人沒辦法，只好決定把驢子的雙腳綁在棒子上扛著走。但是，走在川邊時驢子發起了狂，結果一鬆手讓驢子跌到川底溺死了。

當然，這個故事所隱藏的教訓是如果被他人的意見所左右，甚至可能失去自己所擁有的重要東西。我之所以選擇這個例子，無非是希望各位能反身自省是否像這對父子一樣因爲過度在意他人、其他公司的意見，而無法發現獨自的問題點。

商場中的每個人都必須在競爭與協力之中肩負自己解決問題的責任。不過，這時人往往很容易受他人或其他公司的動態、觀念所束縛。人在無意識中帶有想從別人的做法中尋找解決之道的觀念，因此，如果弄巧成拙反而會喪失自己的獨創性。

如果在意他人的耳目，就無法萌生自主性、自發性之芽，而無法產生自己獨特的觀點。每個人多多少少都有這種被稱爲「受動思考、他動思考」的心理傾向，因此，如果不隨時做自我確認，恐怕有一天也會重蹈伊索寓言中那對父子的後轍。

日本養命酒在其販賣過程中所出現的試行錯誤就是最好的例子。養命酒自古以來就被認爲是「使用養老的瀑布水、具有神奇效果的藥用酒」其特異的神秘性是暢銷的原因。但是，當時仁丹等具有古老印象的其他企業，陸續地利用廣告歌等戰略手法使商品返老回春，帶有新鮮的現代感。

在這個風潮下養命酒也不干示弱而改變註册商標上的古老文字，捨棄顧客所熟悉的神秘性，全面推出號召「在近代化工廠陸續製造的科學性藥用酒」，以標榜其近代化形象的廣告。但是，當養命酒失去其神秘性後，出乎公司決策者的意外，連以往的愛用者也不再問津，業績反而持續不振。

結果，養命酒又加足馬力於回復從前的形象，好不容易挽回了業績。這個例子可以說是由於過度在意落後於其他公司的競爭，對自己的優點評價過小因而失去特有的獨創性。

美國產的QC活動在日本發達的原因

雖然有上述例子卻也不能對周遭的情報置若罔聞。問題乃在於處理的方式。對情報的吸收首先應該做爲範本的是本國文化的模式，以上述的日本養命酒的例子而言，是「和洋折衷」的精神吧。日本文化今日之所以能在世界上獲得極高的評價，乃是日本獨自的文化之外又能巧妙地融合西洋文化的結果。

同樣地，取自美國的構想而產生的QC（品質管理），這句話目前已在日本各企業中獨樹一格，並獲得極大效果的事實也值得注目。

把別人的專長以自己的方式作解釋並給予活用，似乎本來就是日本人的專長，李御寧先生在其著書『「緊縮」志向的日本人』中指出日本人的小集團活動（QC活動），爲「座」的文化，而三菱汽車會長館豐夫先生認爲這個「座」還具有纖細的本質的追求，因而將它譯成「匠」的文化。

從這個解釋的確令人更清楚地明白QC的觀念。因爲「座」和「匠」這兩個日本字，使原本來自美國構想的QC搖身一變爲更容易理解的日本獨自的產物，而更發揮其效果。

我認爲若要參考他人或他公司的觀念、動態時，似乎必須具備類似的觀念。在採用之前先轉變爲自己的用語。換言之，用自己的用語做翻譯後，不但能更加清楚其觀念的眞義，也自然地能清楚發現是否適合自己。

前述的養命酒，正是不能巧妙地翻譯標榜「近代化」的其他企業的觀念、用語而弄巧成拙的例子。

活用自己公司的優點並推展「近代化」並非不可能。但是，也許是過於急躁解決問題而沒有充分地「咀嚼」其中的程序吧。失去獨創性的問題解決並無法獲得眞正的解答。

13 提供思考的「良藥」不堪入耳

●即使是少數派也應尊重持異論者而不要聽信馬屁精

你是否變成「赤裸的國王」

社會上常有某問題在當事者還未察覺時，已潛在性地發展的例子。有心人都會發現問題的所在，但是，當事者卻不明究理。直接處理問題的當事者必須發現的問題爲何無法掌握呢？其中所隱藏的是，超然經營學以外的心理學上的問題。

舉例而言，以帳蓬製造商而聞名的日本太陽工業，曾經開發了折疊式游泳池，成爲活用帳蓬技術的劃期性新產品。

當然，商品出售時非常慎重，還請求專門的調查公司進行市場調查。結果正如公司方面所預料。調查公司的回答是，這個企劃大有可爲，結論是必可暢銷。

這個回答助長了公司的氣勢，於是公司方面決定開始進軍市場，展開了聲勢浩大的販賣戰略。但是，結果竟然出乎意料。

一再地慘敗之後不得不縮小戰線。能村龍太郎社長認爲過度信賴調查公司的資料乃是失敗的原因之一。他說：調查公司察覺到我方正思考把折疊式游泳池製品化，於是帶來了迎合我方意圖的虛假資料。

為了產生好的構想，當然必須獲得正確的情報。不論有再好的構想，若是基於錯誤的情報所作的判斷一定是錯誤的。

但是，當事者所獲得的即使是偏頗的情報，卻很難察覺到這個問題。處於這種狀況的當事者，可能變成安徒生的童話『赤裸的國王』。

一名詐欺師向愛時髦的國王進言說：「我做了一件不適其位者或愚蠢者看不見的神奇衣裳。」而讓國王穿那件衣服。國王穿著那件衣服走在馬路上。事實上，根本不是不老實者看不見的衣服。國王是被詐欺師矇騙了，他赤身露體的走在街上。

但是，家臣及側近雖然事實上看不見國王身上有任何東西，卻一再地讚揚國王所穿的衣服，國王本身也沒有察覺到自己赤裸著身子走在路上。

只有一個老實的孩子叫嚷著說：「國王，沒穿衣服！」

這眞是個諷刺的故事。

所有的家臣、側近都只是為了取悅國王的「馬屁精」，因此，國王沒有察覺到自己竟然做這麼愚蠢的事。其中只有那個純眞的孩子是正確地傳達情報的「異論者」吧。

爲我們找出思考盲點的「異論者」

在現代競爭激烈的商場界，我們應該認識人在思考事物時的盲點之一，經常潛藏在『赤裸的國王』中某處。當要找出什麼是問題？問題在那裡？現階段的過失時，如果周遭的人全都是讚揚『赤裸的國王』所穿著的衣服的馬屁精，眞正的問題點就會被矇蔽。

良藥苦口。同樣地，好的情報有時也令人不堪入耳。在商場界的最前端工作的人應該早已得知這樣的道理，不過，人的心理總是一再地犯同樣的過失，而想要喝並不苦的良藥。

大日本塗料在自動車塗料的方面遠落於其他公司之後，最後發憤圖強變成液晶領域上的佼佼者時，乘其餘威涉足液晶時鐘，這時遭受鐘錶廠商的反擊，後來又因朝公害防止機器、樹脂建材、照明機器、鉛化製品等多角化經營過盛而失敗。

當時，池田悅治社長感嘆地說：多角經營之所以失敗乃是自己十九年來擔任社長，所有經營業務一手包辦，沒有適時地對自己的干預過多煞車的緣故，同時在做重要的決定時，雖然應該和高級幹部們充分地商量，然而在幹部會議上只要自己說什麼，大家都認同我的意見，從來沒有人提出正確的意見甚至反對的意見。換言之，與其說是事業多角化造成的慘敗，其實是敗在周遭有太多的馬屁精了。

找出問題的思考要領，彷彿是指壓師在看似健康的身體上微妙地用指間按壓，以找出患部一樣，是從準確地誘導出負面要害而開始。

正如外表看似健康的身體一定有病態的穴道一樣，企業、組織及自己本身的想法中也一定存在著像希臘英雄阿奇里斯唯一的要害——腳踝部一樣的負面要害。爲了找出這些要害，必須仰賴「指壓師」指間的功夫，而我們周遭所存在的「異論者」亦即經常說些令人不堪入耳的意見的人，正是指出問題所在的人。

並不是「沒有音訊就是好音訊」

孔子說：「良藥苦口利病、忠言逆耳利行。」唐太宗說：「明君廣納家臣之言，昏君則一概不理。」

德川家康說：「諫言家老遠比在戰場立下汗馬功勞者更爲偉大。」

豐臣秀吉說：「暗中請求自己的侍從，傾聽其意見，聽其分析自己本身的善惡，對萬事小心留意乃是身爲將者的第一要務。」

這些偉人英雄不期然地都說同樣的道理。

俗話說：「沒音訊便是好的音訊。」這是指遠離他鄉的親人沒有書信前來是表示對方過得平安的證據。當家中有一人遠離家鄉在外時，這句話也許是眞的，不過，在思考事物的技術中若碰到負面情報斷絕時，最好要特別留意。

因爲，情報本身不論是好或壞並沒有容易傳達或不易傳達的性質，只不過人的心理具有容易將好的情報傳達給接受情報的人，而難以將不良的情報傳達給他人的作用。

如果想簡單地實驗這個事實，可以試著以自己爲A，上司爲B，同事爲C，悄悄地把B上司的優缺點告訴C同事。假設說：

「B上司一臉死板，有點不知禮貌，不過，我覺得他是心地非常溫和的人。」

那麼，隔天在B上司的耳內隨即就聽到「A說B是非常溫和的人喔」的情報，你對C同事所說的「一臉死板，不知禮儀」的壞話，即使在同事之間廣爲流傳，卻不會直接傳入B上司的耳內。

不論是誰都較能將好的情報傳達給當事者，而難以向當事者傳達不良的情報。這就是人的心理。

正因爲如此當發覺自己的周遭全都是對自己有利的情報，而沒有一點負面的情報時，最好要特別小心留意。

如果你是部屬的主管，當你想要找出問題所在時，只要讓對自己的意見始終表示贊成的馬屁精，和持反對意見的異論者雙方做意見的溝通就行了。你一句話都不必說只管靜靜地聽他們議論。

如此一來和你的意見對立的人也能無所顧忌地陳述自己的意見，同時，你也可以公平而客觀地聽兩者的說詞。

如何預防情報的扭曲、斷絕，乃是發現問題的必要重點。

14 活用他人時避免顧此失彼的方法

●若要發覺難以掌握的變化應做長期的觀察

女編輯爲何沒有察覺同事的變化

前幾天某年輕編輯，睽違半年左右到我的住處採訪，當我看到他的樣子時大吃一驚。因爲，體型本來就瘦削的他，顯得異樣地消瘦。我問他到底是怎麼回事？他說是夏天中暑，肝臟有點不好。

經過數天，和他同一個出版社的女編輯前來時，我告訴她說：「他瘦了好多啊！」她卻有點意外的回答：「是嗎？我覺得並沒有什麼改變啊。」

聽到這個回答我又大感震驚。我所驚訝的並不是她對那個年輕編輯竟然如此冷淡，她所感受到的印象確實有其實感吧。我所驚訝的，乃是我和她對同一個人物所獲得的印象，竟然有這麼大的差距。

這完全是心理上的「習慣」問題。女編輯每天和那位男編輯見面。而我則是在半年前和他見過面。這就造成了我們之間對他觀感上的差別。人很難察覺平常親近的事物或緩慢而循序漸進的變化。

其典型的例子是周遭人對於幼女連續誘拐事件的嫌疑犯的反應。對這個男人的變化其家人和朋友之間所抱持的印象完全不同。在他屢次犯案的過程中，其家人毫無所覺，甚至證言說：「他和平常没有什麼兩樣。」但是，暌違數年後，最近和他碰面的學生時代的朋友卻改變了許多的印象。

他的家人和前述的女編輯同樣地，對自己周遭緩慢所產生的變化毫無所覺。相對地，經過數年的時光重新見面的學生時代的朋友，卻顯著地發現他身上所產生的變化。這簡直就是「燈塔底下一團黑」。

人會輕易地察覺急速而且重大的變化，卻無法認識徐緩、細小的變化。同時，往往由於無法察覺這些變化而導致致命性的狀態。

前往拯救瓦斯中毒的消防隊人員曾說：「一腳踏進瓦斯中毒的現場，常覺得不可思議的是，這麼強烈的瓦斯臭味爲何没有發覺呢？」不過，没有發覺是有其原因的。當瓦斯外洩到房間時往往是緩慢而靜悄的。

換言之，變化的量是循序漸進的，因此，人的嗅覺會漸漸地習慣其中的變化，結果甚至當瓦斯充滿整個房間已瀕臨死亡的危機時也毫無所覺，即使好不容易察覺到異樣，身體早已因瓦斯中毒而動彈不得了。

察覺細小變化的三個視點

爲了找出乍看之下順利進行的工作上的問題點，首先必須留意「難以察覺細微變化」的心理上的盲點，而擴大平常的視點來考察事物。這時若能擴大「時間上的視點」「空間上的視點」「人的視點」等各個視點來考慮事物時，就容易掌握問題的所在。

改變時間的視點時必須脫離昨天、今天等短期性的視點，而基於半年、一年前的長期性的視點來看。正如前述的殺人嫌疑犯的朋友一樣，隔一段長時間來觀看事物時，就能輕易地察覺到鄰近的人所無法發覺的事物。

找出從前的日記，根據一、二年前的視點來反省現在的自己也是同樣的道理。而改變空間上的視點，正如字面上的意思，是要盡量改變自己所處的場所去觀看事物。譬如，出外旅行到遠離自己勢力範圍的場所重新反省現在的自己。

最近，我發現了一張有趣的地圖。那是南北方向顚倒的世界地圖。本來所謂的世界地圖都是北極在上，這張地圖卻是南極在上。仔細觀看這個地圖時，我漸漸覺得南半球的人似乎被北半球第一世界的人強迫處於不當的立場。雖然大大地改變空間的視點，連世界觀也跟著改變的說法有些誇張，不過，從這張南北顚倒的地圖中多少也令人在觀念上對於世界的南北問題有些轉變。

另外，向有一段時間沒有相處的第三者詢問新鮮的意見，也是改變人的視點的方法之一。譬如，在國外僑居數年回國的人或一直隱居在鄉下的人等，向和現在的自己立場盡量偏離的人借用其視點。

據說某實業家的妻子，和結束國外一年期的單身赴任後回國的丈夫，商量家庭的事情時，發覺彼此的價值觀有極大的出入。因此，原本以爲好的事情在丈夫眼中卻變得奇怪，動不動就發生衝突。

譬如，以教育的問題而言，丈夫認爲強迫孩子上補習班或請家教的做法是剝奪孩子的自由，恐怕因此損害孩子的自發性。但是，如果冷靜地做一番思考，丈夫的意見也有其道理，據說這位妻子因而能察覺到以往所未發現的問題。這乃是假借處於和自己距離甚遠的環境的人，亦即回國的丈夫的視點，而找出了問題點。

15

內行人才需要「外行人的想法」

●向新的事物挑戰時，必先捨棄專業的眼光，以業餘的謙虛態度做思考

美國的金融業者爲何在融資貸款中失敗

所謂術業有專攻，任何事物都有其專業的行家，所以，在推展事物時不論是什麼事情，最好還是委任對所進行的事物最爲熟悉的行家。但是，競爭激烈的商場界裡卻有著連行家也無法超越的關卡。有時爲了突破這些關卡，必須被迫處於捨棄以往的專家構想才能尋求解決的局面。

碰到這種狀況時應該斷然地捨棄平常所具備的專業知識、理念。專業的構想正因爲具有專業性而帶有整合性，所以，如果現實的狀況中出現與其整合性有所矛盾的因素時，常會出乎意外地變得脆弱而崩壞。

譬如，在日本如雨後春筍般成立的融資貸款盛行的時候，美國業者曾經看好日本融資貸款的年利率高達百分之百的利潤，意圖進軍日本市場。美國業者認爲日本市場既然可以通用

年利達百分之百的高利貸，若只取年利的百分之五十，日本的貸款者應該會蜂擁而至吧。事實的確如其所預料，然而卻落得慘敗。

原因是在日本機構融資的負債者爲了躲避高利貸的借款個個湧進到日本市場進軍的美國的金融機構。顧客的確如萬馬奔騰般地湧向美國金融機構，但是，都是一些無法償還的顧客，根本無法作成商業上的交易。

當然，在這個背後還有日本業者爲了取回恐怕無法回收的借款，而唆使顧客到美國的金融機構借貸的事實，然而這個失敗全是過於高估桌上市場調查的整合性，對現實中的日本金融業者的險惡失算，結果造成令專家跌破眼鏡的失敗。由於專家無法忽視道理或統計才會有這樣的失敗。

與此對照的是運動用品廠商迪三特的一段軼事。一九五五年代初期還稱爲石本商店的該公司，首次決定進軍滑雪裝市場，當時尚處於對市場狀況及製造技巧毫無自信的階段，因此，委任日本滑雪專家的第一把交椅西村一良先生的指導。當時西村先生接受委任的條件是大大小小的事情全必須依西村先生的指示而行。當然，迪三特公司是在同意這個條件下而開始滑雪市場的開發，不過，西村先生的頑固可非同小可。

即使是依照其指示所製作的滑雪裝也被百般地挑剔而責難說：

「這種東西怎麼能穿！」

就在負責人的眼前當場把那件樣品撕破。反覆製作了數次也無法獲得他的ＯＫ。當時的負責人，織田潔副社長後來向他人回顧說：

「為了爭一口氣一五一十地依照他的指示去做。簡直像傻瓜一樣，老實地聽他的吩咐。再怎麼說我們是外行人，對方是一流的專家，既然是我們依靠的人，叫我們那麼做我們只好悶不吭聲地依指示去做。所謂的專家不會作無理的要求。但是，外行人卻因為不知道什麼是無理強求而發狠去做。雖然其中有失敗，但是，卻往往做出連專家也辦不到的奇蹟。」

據說迪三特公司所製作的「縮短兩秒鐘」的滑雪裝，就是在這樣的「外行人的蠻力」中問世的。

外行人的率直把不可能變成可能

根據合理的市場調查而進軍日本的美國金融業者，卻悽慘地在日本市場落敗，但是，迪三特公司卻以「不知道何謂勉為其難的外行人開發力」開發了滑雪裝，後來成為日本代表性的運動用品廠商。這是多麼對照的事實啊。

任何人都具有對事物越加熟練時，則具備越深入的職業化技術或視點，但是，越深入化之後則帶有視野變窄的傾向。

雖然還不至於成為「專業傻瓜」，然而正因為熟悉其事的關係，會縮窄思考的範圍，構想的範疇也漸漸變窄。換句話說，只選擇自己所熟悉的途徑。

運動或音樂方面的專家，在收徒傳藝時認爲「完全的外行人比經驗者較容易教導」的原因就在這裡。半調子的經驗是一種癖性，會變成阻礙虛心求教的要因，若要消除所具備的癖性必須花費一段頗長的時間。所以，傳授有過經驗者技藝時，彷彿是在他人描繪過的畫板上重新拿起筆來塗繪一樣地麻煩。在這一點上外行人則是由純白的畫紙開始塗抹，所以，很容易從基本上教導其重要的要領。

尤其是向完全嶄新的事物挑戰時，越是對自己工作的熟悉度具有自信的人，更要捨棄身爲專業者的經驗或知識，試著採取以外行人的感覺去學習的態度。

想不出好構想的想法④

產生好構想

即使解決法費時麻煩也用這個方法尋求解決

解決法費時麻煩時則懷疑方法本身是否有誤

想出好構想的想法．

打破固定觀念

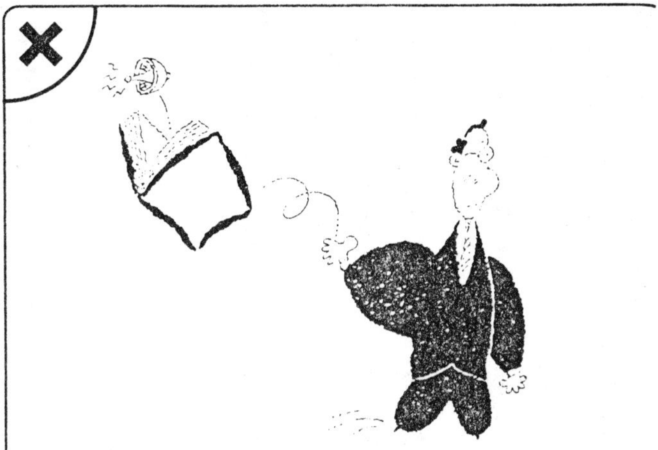

認爲小的報導只能獲得小的情報。

認爲即使小的報導也可能隱藏重大的情報

16 「廊下之鳶」也能生出「鷹」

●對「他人之事」多管閒事的精神有助於對「自己之事」的問題發現

情侶看見背上沾上油漆的男人時的反應

筆者曾經在某電視上看到這樣的實驗。首先設定一個人是「坐在不曉得剛漆上油漆的椅凳上，結果臀部及背部染上油漆的男人」。然後由這個男人向同樣坐在公園椅凳上的情侶以借火爲由向他們搭訕。實驗的目的就是，觀察當情侶看到離去的男人背後沾有油漆時會有何反應。

結果出現了各種情況，有些情侶發現那個男人背上的油漆後皺起了眉頭，隨即恍然大悟趕緊確認自己所坐的椅凳，有些人則只是茫然地注視著他的背影毫無所覺，也有人總算察覺之後也沒有立即檢查自己的椅凳等等。

這個實驗正印證了「以他人爲鏡反省自己」的諺語，的確有趣。

這個節目主要是要看情侶有所反應時的滑稽感，因此只放映出現檢查自己座椅反應的例子，但是，從反應的速度看來，也可明白沒有表示任何反應的情侶爲數也不少。借男人打火機，看著離去的男人……。出現這種反應的情侶若是正熱衷於自己本身的談話或行爲中時，即使看到那個男人的背影也毫無所覺，因此也不會確認自己所坐的椅凳。

筆者和某企業的經營者談論人材培育的問題時，提到職員大致可分爲兩個類型的話題。A的類型稱爲「專念型」。這是指專注於自己的部門工作或職務，往好處解釋是忠實於自己工作的類型，平常只待在自己的部門面對著自己的辦公桌。

相對地「非專念型」的B類型彷彿是「在走廊上徘徊的鳶」經常四處走動到其他部門串門子，或到別人的辦公桌前多管閒事。那位經營者經過判斷後認爲B的類型似乎較能辦事。專念型的A乍看之下似乎對自己的工作非常清楚，而對工作顯得漠不關心的B，卻懂得如何推展自己的工作。

我個人認爲B這種類型會以其他部屬或別人的工作爲「借鏡」，從中反應出自己的部門、自己的工作情況。從冷眼旁觀中首先能清楚地看見其他部門、其他人的問題點及優缺點。甚至發現其他部門、他人和自己工作上的關連。當然，自然能從其中的關連中發現自己工作上的問題。

B會把這些情報反應在自己的問題上，而思考以自己的立場該怎麼辦。反過來說腦中只有自己工作的人等於是「無法發現問題的典型」。

看對岸的火災並警覺自岸火災的方法

企業中所發生的問題經常是在各種關連中產生的。因此，如果對其他部門的問題（‖他人之事）漠不關心，很明顯地對自己部門的問題（‖自己之事）也無法發現。

換言之，若具有反正是（對岸的火災‖他人之事）的思考模式，那麼也難以消滅（自岸的火災‖自己之事）。

問題的發現最重要的是具備把「他人之事」當成「自己之事」的「當事者意識」，冒頭的實驗中可看出被實驗者所具有的意識，這一點頗饒興味。不過，不要只看到他們的反應而開懷大笑而已，這應該可以成爲設身處地思考的參考。

西武流通集團從一九八四年開始實施的選擇性人事系統，在發表當初造成極大的話題。這個依個人意願可以在集團內選擇公司或職場的系統，是藉著橫系組織以活用在直系人事上無法靈活運用的人材的個性、能力的目的。這個系統在人事制度上可以實現樹立「當事者意識」，這一點是值得矚目的。

若要把「他人之事」當成「自己之事」，光憑自我的意識是不夠的。從利用這個制度給予後援的意義看來，的確了不起。

筆者曾聽一名擔任小學老師的朋友提到：某年在自己擔任導師的班級上有一個因態度過

於消極而無法交朋友的學生。於是他想了一個方法，在重選班級幹部的時候試著讓那個學生擔任班長。結果那個學生判若兩人似地態度變得積極，不久即結交了不少朋友。這大概是那位學生被賦予任務時而提高了參與意識，對那個學生而言，原本是「對岸的火災」漸漸變成「自岸的火災」，終於使自己發現「若像以往的態度則交不到朋友」的問題。

由此可見，若要經常具備當事者意識，使問題意識旺盛，對於其他分野的事情也應認爲是自己份內的事，同時，經常到其他部門走動，甚至對他人的問題管起閒事，對於他人的問題也能設身處地去思考。

如此一來，乍看之下彷彿只會到處徘徊的「走廊下的鳶」反而比獨自沉思的類型會有出人意外的「創見」。

17 前例並非「善例」

●不要完全信賴前例，只把它當成一種資料、思考的材料

歷史經常重演嗎？

人從歷史所學習的事物非常多。因爲，歷史含有大量的教訓。即使是個人從個體的歷史，亦即其他人的體驗、經驗中尋求思考的判斷材料也是理所當然的。在不知該如何下判斷時，以過去的事例做思考的依據是極爲妥當的方法。但是，如果沒有適當的判斷而過度倚賴前例的成功，有時也會陷入意外的陷阱中。

譬如，西武集團的總裁堤清二先生曾經有一個極爲著名的小軼事。

堤先生有一次獲知西武百貨店中有一家店面的麵包營業額萎縮不振，而指示更換該店的麵包採購處。結果，該店的負責人把B公司產的麵包，取代原來的A公司產的麵包之後麵包突然大爲暢銷。得知此事的西武集團的幹部們，打算把西武商店全店的麵包全部由A公司轉換爲B公司的產品。據說堤先生聽到後大爲激怒地說：

「你們一點也不知道生意買賣的要領。現在就把以往從B公司採購麵包的商店，改換爲

A公司的麵包吧！」

結果，依堤先生的指示把B公司製的麵包，改變爲A公司的產品後的商店，也比以往的銷路好些。換言之，不論是剛開始由A公司轉爲B公司的商店或相反地由B公司改變爲A公司產品的商店，都是在更換採購處的霎那出現麵包銷售的佳績，這並不是因爲A、B兩家麵包的味道或品質上的差異，而是顧客對其製品厭倦的關係。

（由A公司製品更換爲B公司製品之後麵包大爲暢銷）的前例若給予分類可得到兩個性質。①（由A公司轉爲B公司）的部份和②（更換採購處）的部份。

西武集團的幹部並不思考「爲什麼」，而只是形式上根據①的經驗而要全部更換採購處。但是，堤先生對於「顧客厭倦同一個麵包廠的味道」的狀況及時勢具有洞察機微的能力，根據這個理由而做了②的指示。

堤先生之所以大怒，乃是因爲西武幹部並不考察其中的理由，只輕易地倚賴前例的緣故吧。過去的經驗或前例的成功必定有其原因理由。

創業一五〇年的老店破產的原因

曾經有一個創業一五〇年，歷史久遠的老舖，當前代社長去世由年輕的長男接棒時，新社長認爲這個老舖的大衆商法已不符合時代，想要把它高級化。但是，前代的老幹部們認爲

：「以往的作法是本店的習慣，因循這個作法乃是我們的傳統。」

「根據我們在前任社長時期的經驗，除了傳統性商法以外的銷售法，絕對無法成功。」紛紛對新社長的商品結構表示反對。結果，這家老舖不久就面臨破產。

即使以往傳統的經營方式使得生意買賣非常順利，但是，時代改變之後卻也不能認爲今後的買賣方式也應絕對信賴前例而因循舊規。這完全是無視於時代變化而盲目地過度仰賴過去的經驗，前例的老幹部們的「預測」錯誤。

當然，也有可能正和這家老舖相反地採取傳統墨守型而成功的例子。問題並不在於是傳統墨守型或改革型能獲得成功，而是何者能正確地順應時代的潮流或狀況的變化。但是，若過度盲目地倚賴過去的經驗或前例，往往會造成判斷錯誤的結果。

當然，也並非沒有排除一切在商場界或生產現場所要求的嶄新構想、創見只依照前例、過去體驗等，而擁有權威的狀況。

以過去的案例爲絕對金科玉律的司法界，過去的判例被認爲是和法令、條例一樣不可動搖的基準。但是，若總是依據判例下判決則無召開法庭的意義。即使過去有過類似的案件，若思考其背景與時代狀況，並不一定都要依據過去的判例。政府機構是不破壞前例體系的最典型代表。一般的市政公所在處理事務時都採取前例至上主義，絕對不會做其他市政或過去的前例從未有過的事情。

譬如，交通警察在警告違法停車時，總是帶著一成不變的強硬語氣說：「停在那裡的×××××號車子立即移動。」如果他們的語氣多少也像廣播電台，或新聞播報員的說話方式學習一下，改口說：

「停在〇〇地方的灰色可樂娜是違法停車。若不立即離去只有進行拖吊。」

「位在紅線邊的白色ＢＭＷ請趕快離開，否則就是違法停車。」

這種語氣也許會使市民們對交通警察的觀感有所改變吧。

即使過去的經驗都有好的結果，未曾出現任何問題也未必可以全盤通用。以前依照這個模式而成功的前例，在現在並不一定也是「善例」。最好只把它當作是一種資料、判斷的材料較爲妥當吧。

激發構想的資料②

企劃評價的審查表

審查表可無限地應用。接下來所介紹的是我被委託企劃電視節目或新製品宣傳時所使用的檢查表。

〈企劃成立前的檢查重點〉

是否充分取得情報並給予充分運用？

是否具有他人無法模倣的獨創性？

現實的檢討是否足夠？前瞻性如何？

是否參雜樂觀或悲觀的見解？

是否有成功、失敗時的因應對策？

是否已運用所有可用的人員、器具？

〈評價企劃時的檢查重點〉

代替的方案是否全數檢討完畢？

是否可以更節約費用？難道不可再花費多一點？

規模是否太大或太小？

五年、十年後也能通用的企劃嗎？

在都市、農村、全國、全世界都可通用嗎？

適合男性、女性、兒童、青年、成人、老人嗎？

各種階層、職業的人都感興趣嗎？

是否可能造成反感或無法獲得共鳴？

具有足夠的新聞量嗎？

是否以視聽者、消費者、董事長、經理、部屬等不同層次的人取代自己的立場作過考量？

第三章

換一副「眼鏡」重新看世界

產生好構想的著眼點

18 「偶然」也有其道理

●偶然產生的現象中才具有以往所未察覺的真相

從偶然的事件中被發現的盤尼西林

據說物理學家阿基米德有一天泡在盛滿洗澡水的澡盆時，看見澡盆的水溢出外面，覺得自己的身體變得輕盈而發現了「阿基米德原理」，諸如這般有許多構想是從偶然產生的。但是，許多人卻只把它當成是偶然沒有再一次仔細地作檢討，因此沒有嶄新的發現。像發現盤尼西林的佛萊明就是不浪費偶然的學者之一。

某天早上進入研究室的佛萊明看到培養菌的狀態時大爲失望。因爲，好幾個培養細菌的玻璃碟子上長滿了青黴。而且各個都覆蓋著大約四分之三的青黴。任何人看到這個景況大概都以爲培養菌失敗了。但是，佛萊明卻想著：在玻璃皿上所要培養的葡萄球菌到那裡去了？說不定是被這些黴菌所弄壞的？

結果從此產生了盤尼西林菌。如果這時候佛萊明把發黴的玻璃皿認爲是失敗之作而捨棄，我們也許就無法獲得抗生物質了。這可以說是把繁殖了青黴的偶然，不認爲純屬偶然事件而獲得成功的最佳例子。

諾貝爾所發現的炸彈也是偶然而成的。有一次諾貝爾看見硝化甘油滴進沙裡，原本是不安定性質的硝化甘油卻安定而冒火，於是從而想到在硝化甘油裡放進燈芯製作炸彈的構想。

偶然的結果中經常隱藏著眞實。偶然並無法從人工的控制中產生。即使市場調查中所得到的統計數字和所預想的出入甚大，也可能是當天所得到的統計的特異現象，千萬不要把它當成是調查方法的錯誤而捨棄。

譬如，某漢堡店的營業額急速地成長。營業額爲何上漲？經過調查也不知所以然。其實提高營業額的是臨時僱用的女服務生。原來該漢堡店僱用附近一所大學的女學生爲臨時工，那位女學生的朋友經常到店裡來光顧的緣故。據說那家漢堡店從此之後特意在僱用臨時女服務生方面下功夫，而更提高了營業額。

不錯失偶然才能產生新構想

現在，在漢堡業界成長最快速的是摩斯漢堡店。麥當勞等其他的漢堡店都在車站前、馬路邊等車通行量較多的場所或行人匯集之處開店，但是，摩斯漢堡卻在遠離車站、住宅區的中心開店經營。當然其中也是因爲大都市的地價高漲，要確保立地條件較好的場所並不容易的現實理由。

但是，這反而造成摩斯漢堡擁有獨自的顧客層，促使其擬出販賣戰略的結果。換言之，雖然創業者所開始著手經營的漢堡店是從在偶然的因素下無法受惠於立地條件而進軍市場，但是，卻是造成現在的摩斯漢堡生意興隆的主因。

偶然的事件中常意外地隱藏著商業上的構想。

另外還有一個著名的例子，某調味品公司的主力調味料的營業額雖差強人意，但仍企求更上層樓。因此，所有的研究員及營業幹部們召開數次會議商討對策，卻想不到好的構想。

有一次，要使用這個調味料作料理時，調味料的蓋子不小心掉了，跑出許多調味料在料理上。看到這個情景的一名職員想到，如果在出口把洞加大的話，也許就可以多量的使用這個調味料的點子，結果因爲這個構想而使營業額有飛躍的成長。

這個例子也是因爲看見調味料蓋子脫落，使調味料多量灑在料理上的偶然，卻不把它當成偶然而提升爲一種商品計劃。

如果能以冷靜的眼光觀察各種偶然發生的事情，就可看見各種不同的眞相。發覺偶然的要訣是找出以往從未有過的現象。同時思考何以會造成這樣的現象。

發現偶然再從中想辦法、思考該怎麼辦。偶然隨處可見，首先必須養成發現偶然並給予修飾、啓發的思考方法。

19 曾經發生「二次」就可能一再發生

●不論是任何小問題，一旦發生兩次都可能變成重大問題

得到兩次「嗎啡毒梟飼養蜜蜂」的情報

在思考上明確地劃分問題所在是非常重要的，不過，有時從潛在的「問題」中會向我們一再地傳送訊息。這時若能迅速地掌握其訊號才能獲得解決之策。

在高速公路行駛的駕駛員有時會忘記自己本身的速度感覺。這時，當超速時駕駛座的警鈴就會自動響起傳來警告的鈴聲。同樣地，當某處潛在著問題時，問題本身有時會確實地向我們傳達某種訊息。

在這些訊息當中最令人清楚明白的，是同質情報的反覆。

佛洛伊德學派的精神分析學家費夏牧師在某大學向學生發表演講時，發現了一個奇妙的事情。有一名學生在牧師演講中把一隻手搭在自己的鼻上。當這個動作反覆二、三次時，牧師察覺到某個事實。因爲，每當牧師談及性方面的話題時，他就把手按在鼻上。因此，牧師故意提出性方面的問題時，他果然又把手按在鼻上。

當法國的迷幻藥搜查組，捕獲大宗迷幻藥偷渡集團之前，有這樣的經歷。他們接獲兩次「嗎啡毒梟飼養蜜蜂」的情報。雖然毒梟和蜜蜂是非常奇怪的組合，卻也不無可能。但是，其他各地的毒梟也都飼養蜜蜂時就頗有玄機了。經過調查，蜜蜂連同巢箱一起進出口，在海關幾乎全數通過。進行家宅搜索時檢察官也沒有調查蜜蜂的巢箱。因此，當警方大舉進行搜查時，果然不出所料在蜜蜂的巢箱中發現了大批的迷幻藥。

牧師或搜查當局的觀察的確具備專家的細膩，不過，平常即使沒有專門性的觀察眼力，也多少會碰到同質反覆的情報。日本「逆轉構想」名家系川英夫博士，曾經取得袖釦手銶和領帶別針型手銶的專利，據說當時的構想是因爲發現到了夏天因爲流汗過多有許多人把手銶拿掉的現象。「夏天‖燠熱‖銶帶因汗水而潮溼‖所以拿掉手銶‖卻不方便‖難道沒有取代手銶的東西‖若是袖釦或是領帶別針就不會造成麻煩……」這個構想乃是源自「夏天拿掉手銶」這個一般人聽過就算了，同質情報的反覆而產生的。

公寓熱潮和汽車銷售結合的想法

最近，在日本都市經常聽到的話題是：「住在都心的公寓較爲便利，但是，卻因爲沒有停車場只好把車賣掉。」如果聽過二、三次同樣的話卻不把它放在心上，這也只不過是「經常聽到的話」而已，但是，如果是帶有問題意識的人，絕不會把這類同質反覆的情報矮化爲

「經常聽到的話」吧。

從最近的都市景況看來，這些話具有其普遍性。「都市的地價高漲‖不可能住獨棟房屋‖掀起建設公寓的熱潮‖車庫不足‖汽車銷售率萎縮‖必須突破僵局‖新式販賣法的可能性‖代替找尋車庫空位的行業↓汽車銷路的重新開發……。」根據這個普遍性的現象，也許就可能產生代替找尋停車場的連鎖店，取代購買新車的另一種汽車買賣的新問題。

諸如「附近的幼稚園關門了」之類的情報，如果反覆二次以上時，立即可明白這和幼兒人口銳減有關。那麼，有沒有那一個國家更早深刻地面臨這樣的經驗呢？中國大陸。中國大陸由於獎勵少產政策，單子家庭激增，以重視孩子的父母爲對象的兒童健康食品或教育產業等相當盛行。既然如此，在我國不也可以先掌握住這個市場？

由此可見，同質反覆情報是凸顯小問題使人發現大問題，是促成解決新問題的開端。所謂「有一就有二、有二就有三」這句俗話正說出了其中玄機。如果只發生一次也許是偶然，但是，一旦發生兩次，就有可能再發生第三次。這時的「三次」並不指數字上的「三回」，而是指最後會產生數次同樣情況的頻度或普遍性。

所以，最重要的是剛開始聽到同質反覆情報，亦即二、三次同樣的情報或從報章雜誌、電視上獲得情報時，絕對不要把它當成「常有的事」，而埋沒在日常的瑣事中。不論是任何微不足道的問題，認爲反覆接收的情報中潛伏著重大問題乃是發現問題的基本條件。

20 直覺勝於理論

●即使在理論是無法說明，若發覺有點奇怪時即把它當成問題

世界各國的鈔票上印著人物像的原因

我們找出某些問題的最初階段多半是憑藉著直覺的感受。許多的發明、發現，都是源自所謂「靈犀一點通」或第六感等當事者所產生的直覺。不少現象是憑藉最初的直覺，再抽絲剝繭地發展爲重大的問題。

但是，由於我們從小即被灌輸數學、物理等重視論理性的教育，因此，往往輕視所具有的直覺力。所以，即使覺得有所蹊蹺時，往往認爲無所謂而錯失直覺所掌握的問題。

我們只重視可以做論理性、具體性說明的問題而輕視雖然無法巧妙說明，卻覺得奇怪的直覺上的疑問。

譬如，察覺到假鈔時絕非根據理論而來，不會有人覺得「鈔票多了〇・二釐米，這是假鈔」或「總統臉部的輪廓往左右方向扭曲〇・一釐米」而認爲是僞鈔。任何人剛開始都不明究理，只是覺得「有點奇怪，這張鈔票好像不太一樣」。即使無法理論性地說出其中的緣由

，然而直覺上卻能掌握住異於平常的地方。

事實上，世界各地的鈔票上之所以印刷人物像，乃是平常看習慣的人的臉孔，如果有點不一樣時，會提醒人的感覺「不太對勁」。換言之，若要預防假鈔，人的直覺最值得信賴。

任何人都具備這個直覺力，到處都有人會發現假鈔。即使具備敏銳的理論上的認識力，卻無法率先分辨出假鈔。理論性的認識發揮效力是在直覺察覺到奇怪之後。一旦發覺有所不對時，才會發現長度不對或沒有浮水印等等。

問題在於是否重視任何人所具備的直覺。許多人雖然在直覺上覺得有些奇怪，卻因爲無法具體地說明而任由它去。但是，覺得「頗有蹊蹺」時最好在這個問題上鑽研，直到自己信服爲止。

個人的能力不足時，應該找其他的人參考，把覺得可疑、奇怪的地方當成問題。也許會令他人覺得你是「多管閒事」，不過，既然覺得無法釋懷就應在衆人面前提出問題。當然，有時可能是疑神疑鬼的關係。但是，一個人直覺上的疑惑常是掌握重大問題的契機。

覺得可疑時就告訴他人

從前，在替我出書的出版社曾經碰到一件奇怪的事。有一天，我到那家公司去時，看見我的一張做爲廣告用的大頭照，當時我感到有點奇怪。那毫無疑問地是我的臉孔，但是，覺得有點奇怪。然而卻不清楚到底是什麼地方不對。因此，我召集主編及其他的編輯一起討論這張照片。剛開始沒有人發現有何問題，大約看了十分鐘左右，一名編輯突然發出慘叫聲說：「糟了，這張照片沖反了！」原來製版時底片上下顚倒，結果左右對調了。

我的臉孔左右顚倒倒無所謂，問題是這個疏忽恐怕變成對當事者或公司的未來有極大影響的失敗。人的直覺多半直中問題的核心，一點也疏忽不得。但是，若以理論來思考時，剛開始的直覺往往被否定。若能養成發現有所奇怪時，即使不知那個地方不對，也能告訴他人和大家一起思考的習慣，就不會把問題輕易地疏忽掉。

做經營上的重大決定時，常有經過三番兩次的議論後結果所得到的結論卻是最初以直覺所擬出的方案。所謂直覺八九不離十正是此意。

「經營者的動物性直覺」這個比喻是表示直覺所具有的某種漸趨衰微的動物性部分，可以彌補常被一切的理論、道理所蒙混的人的弱點。

當然，直覺雖然有其不可抹滅的機能，卻不是憑藉直覺就行了。確認直覺的正確性之後運用論理上的資料或反覆的議論絕非白費心機。因爲，所有的發明、發現都是以論理性的方法一再地檢證最初的直覺，不懈不怠的努力結果。

21 自己的慾望才是構想的寶庫

●自己所困擾或渴望的事物中潛伏著嶄新構想的材料

想出擁有大澡堂的休閒別墅的構想法

也許是因為徹底執行週休二日制，國民生活水準提高的緣故，最近，休閒別墅大為流行。據說以滑雪場著稱的某地，在車站前搭設了無數的休閒別墅，使得以往的景觀大為改變。當休閒別墅如此盛行時，如果和大家趕一頭熱地搭建並無好處。如果趕著熱潮爭先恐後搭建而沒有標新立異的創見，必定在競爭的市場中落敗。

休閒別墅的結構都成飯店型式，在房間裡有廚房設備，必須自己動手做料理。但是，休閒別墅為的是供人休養，如果還必須自己動手料理三餐、洗滌衣物，對主婦而言是相當的負擔。有許多主婦抱怨休閒別墅根本無法休息。為了順應這些主婦的需要，現在有不少的休閒別墅區附設餐廳，甚至還有清洗衣物的服務，簡直和住在飯店一樣的享受。

休閒別墅業者為了更加符合顧客的需要，就思考著各種附加價值。網球場、高爾夫球場、美容設施等等。事實上，有一位建設休閒別墅的業者曾經找我商量，應該增加什麼樣的附帶設施？

我以顧客的身分思索這個問題。房間最好是越寬敞越好，像飯店一樣有高級的彈簧床。不過，若有日本式的房間也有另一番優閒的氣氛。而且，最好有可以做簡單料理的廚房設備。冰箱的大小應該可以儲存我們攜帶過去的東西。同時，我渴望能悠哉地看場電影，所以，最好也有錄影帶的租借。

我一一地說出自己的慾望。其中我還想到，如果我和朋友一起去休閒別墅時，最好有一個較大的澡堂，若有溫泉當然更好。如果別墅裡只有家庭用的浴室，一大堆朋友就必須一一地輪番洗澡。光想到這樣的景況就讓人感到疲憊及掃興。

因此，我建議他最好搭建一個較大的澡堂。當時，這位業者的建設公司的設計藍圖大部分已經完成。各個房間中都有浴室，許多人認爲並不需要有公共浴室，因此，並沒有搭建公共浴室的計劃。但是，那個人聽從我的建議，決定變更設計搭建公共浴室。

事後聽說這竟然成爲最吸引顧客的銷售重點。和朋友或家人一起去休閒別墅時，大家可以一起浸泡在大澡堂裡，洗盡汗水，沉醉在悠哉的氣氛下享受休閒雅趣。平常家裡所使用的澡堂和公共澡堂給人的感覺大不相同。

在人人渴望休閒生活的生活模式變化中，思考個人簡單的慾求，正是促成建築業者大獲成功的重點。其實這並不困難，只要依各人的願望去思考就行了。外圍環境的大條件早已齊備，只是在這個條件中以個人慾望做思考的問題而已。沒有任何依據、背景，要想出新的構想的確困難，但是，若只是在既有的狀況下添加構想比想像還要容易。

只要我們在心裡想著：「現在自己最困惑、最想要的東西是什麼？」的問題時，自然就會產生嶄新的構想。

滑雪快遞、高爾夫快遞等就是最好的例子。住在滑雪場附近的人，扛滑雪板到滑雪場並無不便。但是，對於從都市到滑雪場的人而言，扛滑雪板上路可是件重大的勞動。擺在火車上不但礙手礙腳，在搬運上也很麻煩。如果有人能事先把滑雪板送到滑雪場附近預約好的飯店，就可沒有任何累贅，輕鬆地滑雪。高爾夫球也是一樣。

最近似乎有許多人連旅行也利用自宅和旅館之間的快遞公司。據說快遞市場年年增加，由此可見，在此之前人們是多麼需要這種服務。

另外，到國外旅行時覺得從家裡搬運行李到機場非常麻煩，隨即就出現了從家裡到機場之間替人運送行李箱的新行業。我覺得有所不便的事情，其他人也感到不便，就有人會把它拿來做生意。困擾的、渴望的事情等自己的慾望，才是發現嶄新構想的寶庫。

22 使人的觀察力變得遲鈍的「體驗」的陷阱

●根據自己的體驗做思考時必須打一點折扣

人的潛在意識會美化過去的體驗

縱然情報式社會是多麼地發達，人在做某種判斷時常做爲參考的，仍然是自己本身的經驗。因爲自己本身的經驗遠比其他多量的新情報較具眞實性。但是，自己過去的經驗有時會在記憶中變質。因此，在參考時必須特別注意。

當自己向同事借錢時，往往忘得一乾二淨。但是，如果反過來借錢給對方時，卻永遠也忘不了。並非人生性吝嗇，而是佛洛依德精神學家所說的一種心理作用……人會想要忘卻自己不愉快的事情而把它推向無意識的世界，相對地只想記得自己感到愉快的事情。只想記住愉快經驗的心態，慢慢地在潛意識裡誇張、美化這個記憶。

所以，若要根據自己的經驗解決問題時，對過去的自我經驗打一些折扣再做思考，才能符合實際經驗的正確性。

這不僅是個人，連個人所聚集的企業組織也是一樣的道理。

據說松下電器的家用β型錄影機，結果終於敗給其他公司聯合生產的VHS型錄影機，乃是過於信賴「技術的松下」的形象。松下電器以往在電機製品上是日本國內技術上最值得信賴的廠商。

他們確信「好東西賣得出去」。正因爲如此，在錄影帶市場漸漸擴大之際，只有松下公司製作比其他公司的VHS型較小的β型錄影帶。結果在慘敗時感嘆地說：「對技術的過度信賴所致」乃是大賀典雄社長本身。

松下電器對自己公司的技術深具信心之時，在技術革新變化激烈的這個業界，企業間的技術差別比想像地漸漸接近了。而更重要的是消費者已敏感地察覺技術上的大同小異。

仰賴松下電器的技術性而不購買其他公司通融的VHS型錄影帶，只購買唯獨松下電器一家所製造的β型錄影帶的消費者已佔居少數。只仰賴技術而疏忽販賣、宣傳、市場調查的企業，已無法在競爭激烈的時代中生存。

即使有良好的實績，但是若過於倚賴過去的經驗，有時也會失敗。

一村一品運動也不可能永遠成功

從前，日本在田中角榮的「日本列島改造論」的號召下全國興起建築熱潮時，有一個大商社的營業員，放棄上班族的生活，自己組成建築資材的公司。

但是，從那時建築業界的景氣已退縮，他卻把當初業績鼎盛的營業額全數投資在做爲新建築資材開發的設備上。因爲，他相信自己做爲營業員時代的業績，但是，結果因爲過於勉強的設備投資而破產。

這乃是因爲他沒有察覺獨立前的營業實績並非自己的實力，而是有大商社的招牌爲後盾。同時，也沒有發覺獨立之初是因有建築熱潮的背景才賺錢的事實。他在創業時並沒有把這兩個要素做大幅的折扣，只沉醉於過去並不具實力的業績上，才造成了失敗。

即使帶一副性能再好的眼鏡，如果鏡片模糊、污穢也無法正確地看清事物。同樣地，即使想要有任何好構想，如果只以對自己的所作所爲誇大批評的眼光來看，絕對不會產生好的想法。

目前在日本推銷業界堪稱首屈一指的人物曾經這麼說：

「從前，推銷全靠雙腳，我教導年輕人若有時間不如多走一家。但是，現在時代不同了。從前的推銷活動幾乎有八成是靠『雙腳』進行，但是，在情報化的現在已經辦不到了。」

事實上，家庭主婦在家的機率普遍降低的現在，推銷的方法的確有其檢討的必要了。這位超級推銷員之所以不拘泥過去的時機，最大的原因是他本身還在「現役」當中。

從前，在全國各地以一村一品運動興起大分縣熱潮的名縣長平松守彥先生，因爲其他縣市的模仿而失去大半的特色之後，現在已不再拘泥於這個運動。他在美國的洛杉磯近郊成立大分縣的產物館，以大分縣的產物讓當地人試吃的方式進行販賣活動，同時購買現地的產物全力投注在新世界規模的「建村」運動。

因爲一村一品運動成爲全國性風雲人物的平松縣長，判斷大分縣不能只靠一村一品運動來經營，這大概是對自己本身過去的實績「大打折扣」，而有的「自我評價」吧。

23 與其丟棄不如撿拾

●被忽視的部分、不重要的資料中隱藏有重大的問題

矚目被一般人所忽視部分的DK分析

社會心理學上有所謂的「DK分析」。所謂DK是英語的 Don't Know ，是「不知道」「不懂」的縮寫。DK分析如字面上的解釋是針對在問卷調查的統計中所出現的「不知道」「不關心」的部分給予分析的方法。

不論何種問卷調查的結果，在「YES」或「NO」的明確解答之外，一定會有「不知道」「不關心」「不懂」等不黑不白的灰色解答。這個DK部分乍看之下似乎是可以視若無睹的解答，但是社會心理學者反而重視這部分的解答。因爲，這種灰色解答多半隱藏著大衆的眞心本意。

當解答者明確地回答「YES」「NO」時，多半是爲了體面或虛榮而做答。因此，不可以全盤信之。但是，「不知道」「不懂」的解答，從另一個角度來看，反而是正確地表答出「難以作答」「不想考慮那種問題」的眞正意圖。這些解答並沒有理性控制其意志，所以

較接近於解答者的眞心。

回答「不知道」「不懂」的人，往往偏向於特定的年齡層或性別。因此，其中常隱藏著社會心理學上的眞實。社會心理學是想利用詳細分析「DK」的部分，以瞭解大衆的深層心理。換言之，對DK部分在那個層次以何種方式增加或減少進行分析，以探索社會心理的動向。據說選舉的趨勢往往取決於DK層的動向。選擧前的政治意識調查之所以與事實不符，乃是無法確實地掌握針對「你要投那一個政黨」的問題，回答「還未決定」或「不知道」的所謂「沒有政治立場層」者的動向的緣故。

不僅是有投票權者的意識調查，一般被忽視、認爲不重要的部分常意外地隱藏有重大的問題。若錯失這潛在性的問題，有時也可能產生極大的失敗。

據說某勞工工會的指導部訂出激進派的方針，和公司方面採取尖銳的對立態勢。勞工會員中有部分人對指導部的方針持反對意見，不過，這股勢力和指導部經過幾番議論後，其中一部分人加入指導部，其他一部分人則離開組織。

所剩下的既不是「YES」也不是「NO」的「不置可否派」，這些人看起來似乎是所謂的沒有立場者。因此，乍看之下已沒有反對指導部的派系。確信從此指導體系穩固的指導部，強行採取最初的方針做全面性的罷工戰術。

但是，情況卻起了大轉變，當初以爲是沒有立場的那股勢力組成第二工會，對公司方面採取協力合作的態度，而使勞工組織分裂。最後由於第二工會佔居壓倒性的多數，結果第一工會的指導部被公司逐出門外。

事實上，當初指導部所忽視的「不置可否派」才是對公司及工作抱有強烈情感與執著的層次。正因爲對公司、工作帶有眷戀，在爭執的場合才必須慎重判斷。然而指導部只看他們的表面，無法看穿這些人的眞心本意。

不起眼的報導中才有出奇的材料。

任何事物中常被「忽視」「認爲不重要」的部分，正確地說乃是人在無意識中「想要忽視」「認爲並不重要」的部分。任何人都想視若無睹或認爲不重要的事物上，有時是隱藏著某些原因。若能確實地掌握這些被割捨的部分，甚至平常察覺不出來的問題，也會清楚地呈現輪廓來。

日本國際新聞記者落合信彥先生曾說報紙應該看最不起眼的報導。因爲，平常報社想要忽視的報導中，多半隱藏著成爲理解國際情勢上的重要暗示。相對地，佔據整個篇幅的特別報導中常有報社方面的價値觀及慾望的滲透。

據說情報本身的價値反而遠不如不起眼的報導。許多讀者並不是根據所報導的內容，而單純以該報導所被處理的方式來觀察該事件的重要性。但是，落合先生認爲對這種報導囫圇吞棗的人全都是「爛好人」。

這些被「怠慢」處理的情報正因爲鮮少有人注意它，因此，可能隱藏著編輯者的「獨家新聞」。正因爲大家都不曉得也不看，留意這些不起眼報導所獲得的利益反而更大。「與其割捨不如撿拾」，在思考的技術上成爲「撿拾者」將會獲得意想不到的益處。

想不出好構想的想法⑤

產生好構想

認爲限制條件始終無法改變。

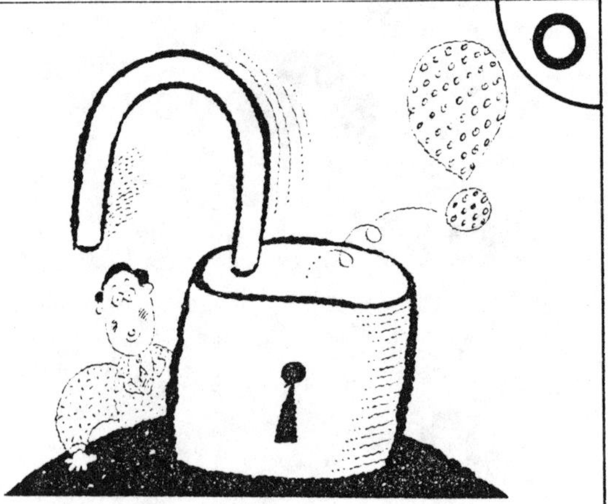

先消除限制條件再做思考。

想出好構想的想法・

不受限定的思考會

✕

認為舊東西就一定腐敗不堪是大錯特錯。

○

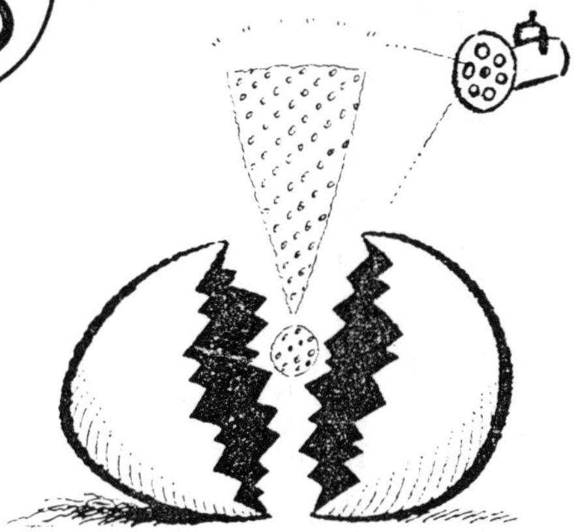

即使是古舊的東西也想改變型態使它變新。

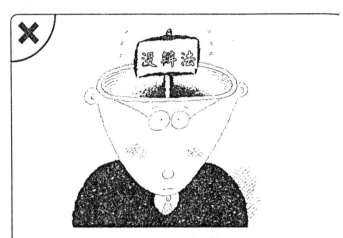

24 使災禍變成「好構想」的方法

●重大的缺點反而會變成極好的兆頭。

以自己的過失拉票成功的吉田首相

被稱爲昭和元老的吉田茂先生，在擔任首相的時候，曾經有過一個愉快的小軼事。

一九六〇年，號稱獨裁者的吉田首相，被親近者力邀前往出生地的高知縣做選舉活動時，在山道中吉田首相突然感到便意，該地離落腳的飯店甚遠，又不可在山中解決，大感爲難時，發現附近有一戶農家。親近者敲門想要借茅廁卻沒有人在，不得已闖空門解決了窘狀。

不過，隔天在農家主人在家的時刻又驅車前往拜訪，向其表示昨天的失禮之過。農家主人受寵若驚地跪下地說：「誠蒙天下的吉田閣下特地前來是何等的榮幸啊……。」據說回到車內的吉田「閣下」開玩笑地對側近說：

「那個村落的票全部會到我這邊來喔！選舉到底還是需要『黃金』。」

這是把自己所排泄的『黃金』比喻成選舉中不可或缺的「金錢」的幽默。換言之，這是對於把在爲了助選而在途中突然產生的便意的不利狀況，利用隔天前往道歉的手段轉變爲獲得票源的要領，做自我解嘲，同時也是自我讚揚。這的確是日本憲政史上個性派首相才有的幽默，頗饒興味吧。

字典上寫著「缺點」的相反詞是「優點」；「短處」的相反詞是「長處」，不過，有時我們也可以自由自在地改變優、缺點，長、短處。正如剛才所提的吉田首相的例子，也可以把自己的失敗藉由事後的彌補而改變成「美好的事」。

「缺點」「短處」、「優點」「長處」這些全都是主觀性的語詞，如果把它們全部更換為「個性」「特長」來表示時，正如硬幣的正反面一樣，價值是相等的。從這個觀點看來，以往所無法察覺的各種現象會突然地變得清晰。現代是以個性、特長為推銷重點的時代。如果自己或自己想要出售的商品中有所缺點、短處時，有時把它當成一種個性、特長，反而會變成最吸引顧客的銷售重點。

日本相撲界的大橫綱千代富士，在身為前頭的時期雖然身材瘦小，卻擅長把對方力士摔倒在地。以他當時的身材要把兩倍於自己的力士高舉投擲在競技台上，對他的身體當然造成極大的負擔。因此，肩膀脫臼了好幾次。由於肩膀經常脫臼，前橫綱北富士九重師父向他建議，改成迅速地取得對方右前方的褲腰的相撲法以避免肩膀脫臼。這個相撲法塑造了現代的千代富士大橫綱。

肩膀脫臼的習慣並不只是一個缺點，反而變成利用左手迅速截獲對方右前方褲腰的相撲法。如果沒有肩膀的脫臼習慣，也許就沒有今日的千代富士。

以外型遜色的缺點爲銷售主題而獲大成功

一流企業的宣傳戰略中，也有巧妙地把商品的缺點變成其「特長」的好例子。從前，美國著名的『LIFE』雜誌上有一個相當引人注目的奇妙廣告。那是汽車廠商福斯的廣告。這個廣告在登陸月球的太空船「阿波羅」的照片旁邊寫著這樣的標題：

「雖然外形醜陋卻能送我過去吧！」

當時福斯的主力車型是被稱爲「永遠暢銷領先」，永不改型的金龜車（BEETLE）。

在當時的美國流線型車型大爲盛行的時代，福斯汽車所出品的「BEETLE」金龜車顯得極不搭調。若仔細閱讀充分意識這個現狀的標題下的宣傳文字時，即可發現整個廣告的內容是以「金龜蟲」「粗劣」「醜陋」「塌鼻」等詆毀的字眼來表現福斯的金龜車。但是，整個廣告文章越是詆毀這輛車子，越令人發覺這輛金龜車雖然和「阿波羅」太空船一樣那麼不起眼，卻是最值得信賴的勞動者。

這篇廣告所訴求的是雖然「阿波羅」和金龜車外形都不好看，然而卻能確實地把乘客運送到目的地。

事實上這正是福斯汽車的目的。在流行跑車搶盡風頭的時代，從不改型的金龜車像是「

灰姑娘」極不顯眼。但是，這篇廣告卻直接地向讀者訴求它是具有頑強而堅固、高性能的汽車。乍看之下彷彿是極爲謙虛的表現法，事實上，卻是將公司產品的個性與特徵表現得淋漓盡致。

有許多本來就喜好這種古典車型的福斯金龜車的愛用者，從這篇廣告更加認定它和外觀時髦美麗的新式汽車有其對等的優點與價值，所以，這篇廣告可以說是在一切講究流行的社會中，把認爲是「缺點」的特徵特意標榜出來，而獲得成功的例子。

即使是缺點的「災禍」，只要稍微改變一下構想，有時也會變成「好構想」的「福氣」。

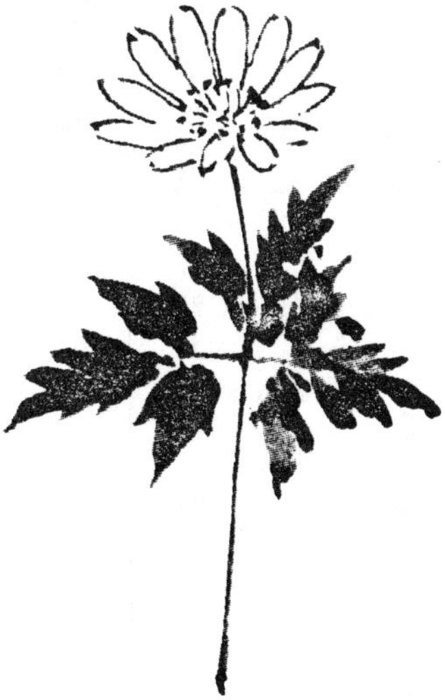

25 交通標識增多爲何車禍也增多

●越具備完整形式的越要確認其是否真正發揮效力

羽田機場標識的教訓

東京的首都高速公路經常擁擠不堪，只是虛有高速公路之名的「低速道路」。這條高速公路上的交通號誌很難識別。非但無法依標識所示前往目的地，途中甚至可能招致車禍。爲什麼會變成這種景況呢？原因有許多，其中之一是認爲只要樹立交通標識就萬事ＯＫ的形式主義。另一則是樹立標識之後卻沒有點檢標識所發揮的作用的結果。

交通標識的第一個目的是預防車禍，第二是爲了使駕駛者更清楚馬路狀況迅速地到達目的地。兩者都非常重要，但是，如果只是依形式設立交通標識根本毫無意義。非但毫無意義還令人恐懼。

樹立標識的最重要目的是，讓首次到東京來的人也能毫無疑問地到達目的地。

若想從羽田機場搭飛機出國而開車前往時，會看見指示前往羽田機場的標識，旅客只要依著這個標識前進即可。

但是，羽田機場的文字下面還寫著英文：HANEDA KUKO。羽田機場用羅馬字表示大概是爲了外國人的方便吧！但是，若是如此應該寫成：HANEDA AIRPORT否則外國人根本看不懂。若看到 HANEDA KUKO 的標識，外國人大概搞不清楚那是機場或是另外的地方吧！這就是所謂的形式主義。

有一次我到監理站辦駕駛執照更新時，在人員雜沓中卻找不到辦理「更新」的窗口。情不得已只好詢問一名職員，詢問更新的窗口在那裡。他一副極不耐煩的表情，帶著「又來了」的神態說：

「那裡不是寫得清清楚楚嗎？」

指頭看他所指的方向，的確有一個小招牌上寫著「更新」的文字。但是，我卻不認爲那是可以讓首次來到監理站的人立即明白的標識。而且，這位職員的態度也太差了。

的確那裡的每個窗口確實都有其標識，但是，從那位職員本身的表情就可知道大概有過不少人向他詢問窗口所在的事吧！然而，他和其他的職員卻不把這個不顯眼的標識當成問題。總而言之，這個地方也裸露了人只要看見具備了形式，就不在意它是否可能發揮效用的心理盲點。

從前，教育局爲了減輕大學的預算，一致同意將所有學科的預算減低一成。但是，如果以目前的時代要求來檢討那個學科的預算必須擴充，那個學科的預算應該減低的話，就應該不會有「全部減低一成」的草率作爲。正因爲人們都具有只要減低預算就可解決問題的觀念，才會對這種預算的結構不感到懷疑。

不僅是大學的預算，連政府預算的設定也是一樣，大家只注意把形式做得完整，而忽略了實質上的需要。

爲什麼要掛看不懂的名牌

某著名經營者曾在東京經團連的國際會議廳舉辦「有關教育問題的國際商討會議」，從美國、加拿大各地前來數名學者，日本則由我及其他三人以出題者的身分參與這個盛會。當到達會場時，我們從主辦單位接到各種資料，並且拿到用英文打字製成的參加者的名牌。這是個國際會議，有許多是彼此第一次見面的人。因此，名牌是非常重要的。

不久，由主席宣佈開會。首先由主辦者代表致詞。令筆者大爲驚嘆的就是這段致詞。他在歡迎遠來之客的寒暄之後這麼說：

「各位先生女士，我很想請教大家一個問題，各位爲什麼在胸口帶一個名牌呢？各位認爲別人看得懂嗎？很可惜的是，別人身上的名牌的字太小我一點也看不清楚。」

「的確如此，英文打字成的文字雖然外觀美麗，然而稍有距離就完全看不清楚。名牌上的文字並非使人一目了然的尺寸，我國的教育不就和各位現在毫無疑問地在胸口配帶名牌的問題一樣嗎？只有形式做得非常完整，但是，若論其實效卻相當可疑。而因爲形式過於完備，我們連形式本身也沒有產生任何疑問。我認爲我國的教育問題追根究柢不正是這種不具實效的形式主義嗎？」

在場的每個人都禁不住對他這番話感到肅然起敬。越完整的形式越需要重新評估它原本應有的機能。

26 從古老的傳統獲得「新概念」

●要改變既有的事物時必須試著留下部分該事物的歷史性和價值

超商連鎖店YACS的名稱何以成功

日本歌手小林旭的成名曲中有一首叫做「流浪之歌」，內容描述一名酒吧女以不同的姓名輾轉各地工作，最後回到橫濱的酒吧並再度使用從前的名稱，等待昔日的男友回到自己的身邊。這段歌詞很巧妙地掌握了人心理上的微妙之處。

當她和昔日的男友再會時，如果名稱已完全改變，即使自己是和從前一樣的女性，也可能被認爲是完全陌生的他人吧。要接受新的名稱並建立和從前一樣的親密關係，可能遠比沒有更改名稱的當時要花更多的時間。

我之所以提起這段歌詞，乃是因爲企業界的名稱、字號也有類似的情形。

從前「千葉藥品」企業跨足超級市場業界，並以「CHIBA YAKU」爲名時，曾經向我咨詢該如何改變其名稱以做爲提升形象戰略。

當時，我的構想和寫這首日本演歌的作者一樣，千葉藥品這家公司是具有傳統與業績的藥品公司，「CHIBA YAKU」在超級市場業界或許也讓市民感到親切。因此，我希望新的名稱能和「CHIBA YAKU」有所關連。換言之，我打算在新的名稱上活用向來在業界已具有穩定地位的千葉藥品 CHIBA YAKU 的過去價值。

不過，我認爲「CHIBA YAKU」（千葉藥品）這名稱在形象上顯得粗俗，同時，在東京也將成立連鎖店，因此，「CHIBA」（千葉）二字並不適當。結果我只留下「YAKU」（藥品）這兩個字。然後這羅馬拼音的字改成眞正的英文發音而成「YACS」並附帶一句宣傳用語：「YOUNG AND CLEAN」提供給千葉藥品的關係者。

從前，能活用傳統與實績的過去價值之外，並創造配合時代潮流的年輕氣息而成功代表例中，以酸痛藥膏廠商「TOKU HON」最耳熟能詳。「TOKU HON」在第二次世界大戰前的公司名是「德本」，結果這個商品名變成消除肩酸等疼痛藥膏的代名詞，深受全國各地年長者的喜愛。

但是，隨著時代的演變，爲了在競爭的社會擁有一席之地，不得不擴展年輕人的市場。一般在掌握年輕人的市場時，對其產品的命名都會捨棄陳舊的企業形象，而更改成適合年輕人的氣息。

但是，這家公司只把「德本」改成「TOKU HON」意圖改變企業形象使其返老回春。結果不但使「TOKU HON」在年輕人之間廣爲流傳，也變成深受認識治療肩酸的藥膏「德本」的中老年人所喜愛的商品。

最低限度的變更卻換來嶄新面貌的「LUCKY STRIKE」的包裝

不僅是前述的「TOKUHUN」，最近有許多企業爲了CI（企業認識）而變更公司名，不過，大多數在新的名稱某處留有使人憶起從前名號的部分。

汽車重新裝備性能並改變其外型時，在名稱上並不做大幅的更改，是爲了留下以往消費者所熟悉的歷史。

運用陳舊的過去而獲致成功的例子並不只限於名稱。美國香煙「LUCKY STRIKE」的包裝設計也是極爲著名的例子。LUCKY STRIKE 是自古以來廣爲美國人所熟悉的香煙，但是，有一次因爲營業額急速低落，而斷然決定要改變包裝的設計。這位設計師是我曾經對日本的「PEACE」香煙做過設計的雷蒙特・羅維設計師。

一般的設計師的工作是創作新的圖樣或圖形。羅維也是具有嶄新設計創建的設計師。但是，這時他的設計只是把從前印在 LUCKY STRIKE 單面包裝上的紅色圓點改貼在兩面，並且把深綠色的包裝紙改成純白色而已。

他認爲 LUCKY STRIKE 雖然營業額暫時地低落，卻不可更改深受大衆消費者所熟悉的包裝上的紅點商標。非但如此，他認爲應該運用「紅點」所具有的過去價值。爲了引人注目，在包裝的兩側留下了這個傳統的商標。

結果他把紅點的商標貼在前後兩面，同時把原本的深綠色改成具有清潔形象的純白色包裝，據說 LUCKY.STRIKE 因而顯著地提高了業績而脫離了危機。眞不愧爲一流的設計師，也惟有這樣的設計師才懂得巧妙地掌握大衆的心理。

所謂「溫故知新」，這雖然是古老的諺語，然而在思考新事物時，這個觀念永遠是新的。

下[60]，其人數本來不多，隨著軍制之發展而漸次增加。後梁時期之韓瑭，即以右天武都頭遷爲神捷指揮使；胡賞則由左天武第三都頭遷右神捷指揮使[61]。顯然五代之都頭管轄之形式是「左第一軍」或者「右第二軍」，其管理方式與殿直都知分別不大。再在「都」以下，又有「押官」、「承局」等不同類目[62]，而「押官」無疑是押班之官，層層遞進，條理分明。如表五、六所示，分別爲殿直軍與控鶴軍之發展大概。

由以上推論，可知三班制度到了五代時，其擴展甚爲迅速，不但在供奉官、殿直、承旨上發展其上層架構，更逐漸朝向軍職系統發展，產生接駁之作用。後周期間，統治者再在已有之基礎上加以强化，成爲强大之殿直軍系統[63]。

《舊五代史》卷一一四、後周世宗顯德元年（九五四年）十月己未條：

> 是日大閱，帝親臨之。帝自高平之役，覩諸軍未甚嚴整，遂有退卻。至是命今上一概簡閱，選武藝超絕者，署爲殿前諸班，因是有散員，散指揮使、內殿直、散都頭、鐵騎、控鶴之號……由是兵甲之盛，近代無比……。（頁一五二二）

可知無論是殿直官或控鶴官，最後皆從本班擴充，發展成爲殿前親軍中之殿直軍與控鶴軍。

至於何以三班制度中獨以殿直能發展出軍制之功能呢？就觀察所得應該有以下原因：(1)供奉官、殿直、承旨三者在職能上分別不大，而名稱互用之情況亦時有出現，其間以殿直、承旨尤爲接近，故升遷之立場而言，供奉官與承旨，往往從本班轉昇至殿直班內，三班官之身份之相互轉化，可視之爲一整體對軍職之接駁。⑶殿直班發展比承旨班、供奉班較容易至成熟地步。殿直班與承旨班分離後，成爲帝王至親近之侍從官，呈現較活躍之狀態。供奉官在三班中，主要任職對外之事務，諸如監軍、出使、巡檢押物，其間任務繁多，故此使職角色較重，未如殿直具充份機會，從事本班軍制之建立。

以上諸現象，造成三班官中之殿直班，一支獨秀地發展出軍事系統。而供奉官、承旨之職官到達「都知」以後，即轉遷進殿直之更高職位上。唯後周世宗以殿直軍吸納進殿前親軍系統後，「內殿直」即成爲親軍制中之番號，漸與侍從原意之本班徹底分離，而此番號以外，重設內殿直或殿直之侍從官。至於承旨班，其早期之發展依附在殿直內，故起步較遲。至後周世宗時始見「承旨都知」或稱爲「都承旨」之上層架構。但相信在後周末年，承旨班發展迅速起來，成功地吸納進中央之禁軍系統內，建立「東西班承旨」之番號了[64]。從三班制度之擴充及其與軍制之接合角度而言，以觀察其武官化之趨向，似乎又得較新之解釋。

三、五代三班之職責類別

三班制度得以確立，在很大程度上乃爲了强化中央之監察能力，以便控制日形鬆脫之地方權力，執行過往台省之職權。及至五代，三班官之職責更顯得多樣化。作爲個別割據之地方軍閥政權而言，

27 改變外裝內容也會跟著改變

●即使實態上出現問題，然而卻可以不變更其實態而只改變形象

古老的和服變成嶄新的流行服飾的形象作戰

日本每年到了某個時期，在報章雜誌上會發表大學生眼中最嚮往的企業排行榜。我認爲這可以看出年輕人心理的意念。因此，我從來不錯過這些統計資料。

我發覺大學生對企業的選擇有一個共同點，即他們似乎深受企業名稱的左右。即使是規模甚大的企業，若是名爲〇〇建設、〇〇土木等顯得有「泥臭」「汗臭」味的企業，往往有被敬而遠之的傾向。

相反地，製造磁磚、衛浴設備的廠商，例如，伊奈製陶公司只因爲將公司名稱更改爲「ＩＮＡＸ」的時髦稱號，就使應徵者增加爲去年的七倍。據說當年該公司求才的說明會場竟擠得水泄不通，甚至有人無法進入會場。

其實，企業本身的本質並沒有改變。不過，從這些現象看起來，就可明白公司名稱所具有的語感或字形所產生的形象是不容忽視的。以ＩＮＡＸ而言，這家公司似乎也進行了形象

的經營改革。畢竟即使改變形象然而本質完全沒有異動，也能改變人們對其所抱有的印象。所以，改變形象的觀念是非常重要的。

簡單地說，長得醜的人只要改變其形象，即使不必整容也可變成「美人」。而古老陳舊的商品也可因爲名稱的改變而搖身一變爲嶄新的商品。

譬如，爲了防止傳統和服衰退的和服業界以「人生只此一次」的成人典禮、畢業典禮爲訴求的口號，或強調「三次換裝乃婚禮的常識」，鼓勵在異國舉行典禮的日本人穿著和服，以突顯印象等等，標榜在四種TPO建立形象以改變現代年輕人「不穿和服也無所謂」的意識。同時，並爲覺得穿和服時腰帶不好處理的人提供了穿著簡便的簡略腰帶，並爲了討厭和式髮型的人提供了洋式髮形和和服的搭配組合，以消除和服所具有的負面要素。極端地說，目的是想將「和服是古舊的」的印象轉變成「和服是時髦的」的形象。

同樣地，日本魚業界爲了防止日本人討厭吃魚的現象，而提出「低卡路里」、「減肥食品」等象徵健康的廣告詞。正因爲業界如此一再地大聲疾呼，終於挽回了魚類食品的人口，甚至還建立魚文化的形象。

鄉下飯店若也能體會國王的氣氛就是一流飯店

我從前曾經以講師的身分參加松下電器所舉辦的演講會，這是松下電器由各地區的零售

表八

朝代	年　號	年　月	人　物	職責內容	有關資料	有 關 資 料	有關資料
後唐	天　成	三年七月	(殿　直)崔處納	押契丹僞刺史及骨肉處斬。	冊府997外臣征討六頁11594		
後漢	乾　祐	三年正月	(供奉官)張　銖	押逆臣首級，處斬同惡于市。	五代會要卷五頁78	冊府435將帥獻捷二頁5172	
後周	廣　順	元年二月	(供奉官)李　演	斬逆命將校。	冊府435將帥獻捷二頁5172		
後周	(世宗)		(都承旨)曹　翰	誅殺孫晟及其從者二百。	舊五代史卷131頁1734		

動之帝王特務。唯暗殺與處決二者略有不同。前者常發生於形狀可疑而事態未發之情況下，出於帝皇或者是帝王身近權力官員之推測，牽涉私人之動機。後者雖亦爲執行帝王意旨之特殊任務，然出於事發以後，故此名正言順，執行時不須要太大之保密性。今先述暗殺之行動。

《舊五代史》卷八、後梁乾化二年（九一二年）六月三日條：

> 庶人友珪弒逆，矯太祖詔，遣供奉官丁昭浦馳至東京，密令帝（友貞）害博王友文。（頁一一三—一一四）

郢王友珪曾在梁太祖以後建立過短暫政權，這段資料顯示了太祖晚年一幕宮廷之權力鬥爭。郢王爲太祖之第三子，素忌次假子博王友文之得寵，故此圖謀叛變。供奉官固然未知眞相，然而卻代表著帝王之心腹，履行暗殺之密令。茲列表見表七。

至於處決行動，亦往往由三班官員執行。此種情況，一般較適用於對外戰爭之翦滅過程，事機發生後，反抗勢力不幸已成階下囚徒，故此公然誅殺，有助帝王之聲威彰顯。

《冊府元龜》卷九九七、外臣部、誅討六、後唐天成三年（九二八年）七月條：

> 殿直崔處納押契丹僞平州刺史羽厥律以下一百七十人至，內十七人，有骨肉識認，餘分於兩橋斬之。（頁一一五九四）

《冊府元龜》卷四之五、將帥部、獻捷二、後漢乾祐三年（九五〇年）正月條：

> 鳳翔行營都部署趙暉奏，前月二十四日收鳳翔，逆賊王景崇舉家自燔而死，請供奉官張銖押逆

28 利用順手牽羊以減少順手牽羊的秘法

●若有想要去除的問題，應反用該問題為解決的手段

使嚴重的事態好轉的「逆療法」

心理治療中有數種稱爲逆療法的方法。譬如，治療帶有自殺傾向的人時，絕對不會告訴對方「再考慮看看」之類的安慰話。首先聽他們陳述之後會表示贊成地說：

「既然如此也無可奈何，我也不能阻止你。你也是情不得已的，看來你或許眞的只有自殺一途了。」

然後還替他設想具體的方法。例如：

「用上吊這個方法怎麼樣？雖然只是霎那間，不過非常痛苦，而且據說死後相當難看。若是去撞車，據說事後家屬很難獲得理賠。」等等。

對於離婚事件也採取這樣的手法。對於原本以爲心理顧問會勸她不要離婚而極力數落丈夫不是的妻子，也絕對不會安慰她：「再考慮看看吧。」相反地，還會強調丈夫的惡行，認爲和這種丈夫在一起是遇人不淑、活受罪，而勸告她儘早和丈夫離婚。

結果，有趣的是，有時這位妻子反而說丈夫雖然有些不是，卻還不至於如此惡劣。而且，自己也有不對的地方，開始爲自己的丈夫辯護。

以神經治療而聞名的森田療法，是絕不會向前來傾訴痛苦或煩惱的人勸慰忘掉心中的不快或痛苦，相反地，會故意讓當事者陷入更大的煩惱、痛苦。

乍看之下這似乎是極爲殘忍的做法，這些做法的共同意圖是不要偏離自己所擁有的問題，藉此讓當事者直接面對該問題以產生客觀性。結果當事者會發覺，自己以爲事關緊要的問題根本微不足道，而產生了生存的勇氣。

患有渴望自殺或苦惱症等抽象性症狀患者的傾訴，事實上是連擔任心理顧問的我和當事者也永遠無法解決的問題。這個時候應該試著反用問題本身做爲問題解決的手段。

譬如，在公司裡有一位上司因爲一名經常遲到、不遵守公司制度的部屬而大傷腦筋。不過，從某個時期開始，這位上司不再對那名部屬發牢騷，試著採取任由他去的方法。雖然曾經有過一、兩次發生過事態嚴重的經驗，做上司的簡直是捏了一把冷汗，但是經過第三次以後，據說那位部屬的遲到惡僻已完全消失了。這種例子並不足爲奇。

任何問題都應該有造成其成爲問題的構造，所以，從某個角度來看，問題當中一定隱藏著解決該問題的訣竅。

> 殿直張紹謙奏：靈武節度使希崇，先借官馬十五匹，遣軍將裴昭隱等二人進納，其人質進奏官范順之隱留一匹，合抵極法。帝曰：不可以一馬而戮三人，笞而釋之。（頁一八一七）

而使臣對邊事之奏報，又不單限於本地，對鄰近政情之動向，也頗爲關注；隨時奏告圖邊建議。《資治通鑑》卷二八五、後晉開運三年（九四六年）九月丙辰條：

> 契丹使瀛州刺史劉延祈……請舉城內附。且云：城中契丹兵不滿千人，乞朝廷發輕兵襲之，己爲內應……（殿直）王巒與天雄節度使兼中書令杜威屢奏瀛、莫乘此可取……欲發大兵迎趙延壽及延祚。

總括而言，無論是處決、暗殺或對外奏告軍情，三班官皆代表帝王之耳目，以維持中央對地方之不時防範，徹底杜絕地方不順命之可能性。三班官無疑成爲帝王之親近特務。

㈡代表中央對外之建交活動

五代之帝王權力，除了後周一代特見强盛外，其餘皆處於極度不穩定之狀態下。對於地方較少規模之衝突，固然可通過强制性之行動加以撲滅。然而，對於中央以外某些不能輕視之勢力，正面而言，朝廷可通過和平、羈縻之方式加以聯絡，籍此使雙方承認對方之地位，成爲權力確立之基礎。就是反面而言，雙方關係並不明朗，外交活動亦有助洞悉敵情，不失爲上策。三班官既爲帝王之親信，也從事於穿梭之外交活動。

1. 國外之出使活動

出使國外之活動，可稱爲交聘活動。出使之使者通常手持國書，在特定之名銜下，如國禮使或國信使，持貨與珍品而往，其活動之頻繁與否，視乎雙邊之關係與對等實力。五代政權與契丹活動關係尤爲密切，故此出使契丹幾乎成爲對外建交之主要目的。如表十所示：

《冊府元龜》卷九九〇、外臣、通好、後唐長興元年（九三〇年）十一月乙巳條：

供奉官周務謙，賫書國信，雜綵五百疋、銀器二百兩往賜契丹王。（頁一一五二一）

《資治通鑑》卷二八四、後晉開運三年（九四六年）七月癸酉條：

桑維翰屢勸帝復請和於契丹以紓國患……張暉供奉官，使奉表稱臣詣契丹，卑辭謝過。（頁九二九四）

《五代會要》卷二九、契丹、後周廣順元年（九五一年）正月條：

太祖復命尚書左丞田敏、供奉官蔣光遂銜命往聘。（頁四六一）

2. 國內之出使活動

嚴格而言，五代建立政權所佔有之國土甚少，其間尤以晉、漢爲甚。所謂本國之國土，亦很難具明確介定。在中央之直屬州以外之藩鎮政權，中央本身已無法直接控制[66]。故此，就是在國內，中央一貫之態度，也是採取羈縻性之控制而已。諸如河北、兩浙、西川等地，已先後成功地獨立起來，只是在名義上臣服於中央。朝廷出使之目的，很大程度上是緩和雙方之衝突，承認各自之利益。

想不出好構想的想法⑥

產生好主意

×

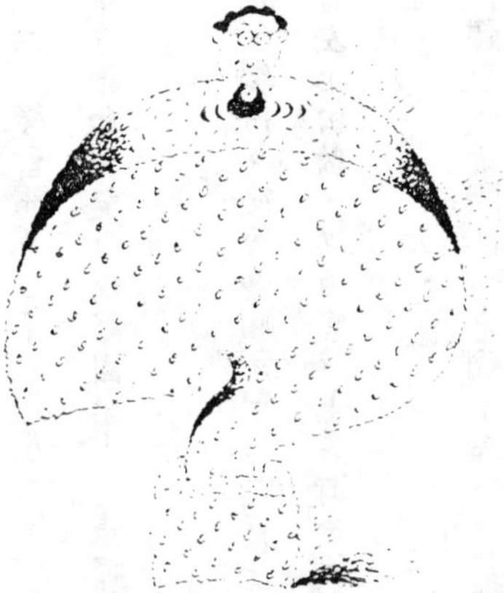

以忙不過來爲由只和一個問題搏鬥。

○

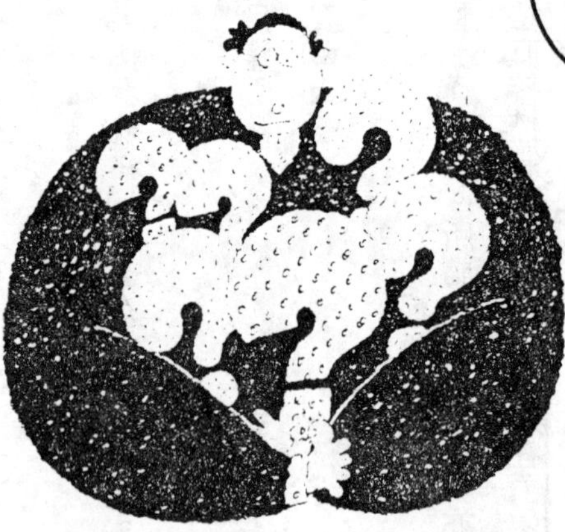

越忙越會把注意力轉向其他的問題。

想出好構想的想法·

擴大視野

✕

即使耗時費日的問題只要肯花時間必可解決。

○

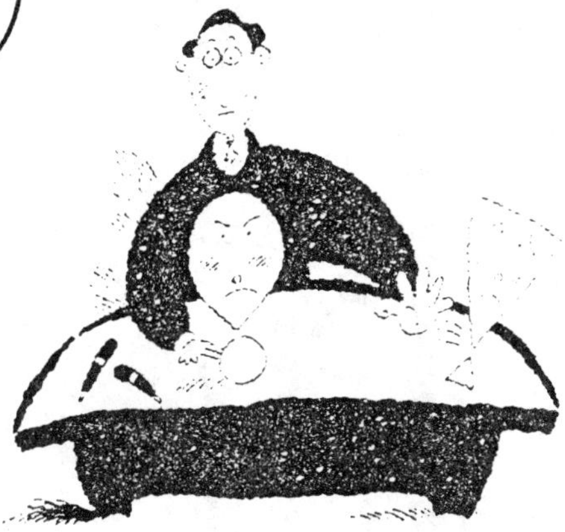

會花費時間的問題要試著改變問題的設定。

《舊五代史》卷一三五、後梁開平元年（九〇七年）四月條：

梁祖知其（劉守光）詐，優答之。仍命閤門使王曈、供奉官史彥璋等使於燕，册守光爲河北道採訪使。（頁一八〇四）

《舊五代史》卷一三三、後唐天成四年（九二九年）九月條：

供奉官馬昭遇使於兩浙，每以朝廷事私於吳人，仍目（錢）鏐爲殿下，自稱臣，謁鏐行舞蹈之禮。及迴，使副韓玫具述其事。（安）重誨因削鏐元帥、尚父、國號，以太師致仕。（頁一七六八）

從表十一所列之例，可見朝廷任使心態頗爲複雜，既知彼之奸詐，不能直接與之發生衝突，又不能過份謙和，以失朝廷國體。此種中央對地方之微妙協調關係，幾成爲五代外交活動之不變基調。

㈢戰時之軍事行動

在五代藩鎮割據之情況下，戰爭似乎是無法避免，地方上之藩鎮故然互相兼併，就是雄霸一時之朝廷，也要面對改朝換代之危機。在外交途徑產生不到如期之協調效果時，積極之對外軍事行動，成爲解決問題之實際方法。三班官代表帝王之意旨，時刻參與著軍事任務，其武官之性格，在這段紛亂時期中漸次孕育出來。其間包括了領兵、戰鬥、監軍與諭降等幾方面。

1. 領兵與戰鬥

有關此類例子極多，詳見於表十二。

《舊五代史》卷五、後梁開平四年（九一〇年）十一月辛丑條：

先是，供奉官張漢玫宣諭在壁，國禮使杜廷隱賜幣于馬，及石堡寨，聞賊至，以防卒三百人馳入州，既而大兵圍合，廷隱、漢玫與指揮使張初、李君用率州民防卒，與仁福部分固守，晝夜戮力踰月。及鄜、延援至，大軍奮擊，敗之。（頁八六）

《冊府元龜》卷一二三、帝王部、征討三，後唐長興元年（九三〇年）十二月條：

遣樞密使安重誨赴西面軍前……供奉官周務謙、丁延徽、陳審瓊、韓玫、符彥倫等　從重誨西行。（頁一四四七）

2. 監軍

《冊府元龜》卷二六九、宗室部、將兵、後唐同光二年（九二四年）三月條：

後唐魏王繼岌……詔充諸道行營都統……供奉官李從襲充四面行營中軍馬步軍都監……從魏王出征參預軍機。（頁三一九四）

《宋史》卷二七〇、魏丕傳：

世宗即位，改右班殿直……未幾，出監明靈砦軍。（頁九二七六）

如表十三所列。

3. 宣命諭降

《資治通鑑》卷二六九、後梁貞明元年（九一五年）四月條：

帝遣供奉官扈異撫諭魏軍，許張彥以刺史。彥請復相、澶、衛三州如舊制。異還，言張彥易與如果在無法增加電梯的限制上，又被迫要處理「不可讓顧客等候」的問題時，只能改變電梯本身的構造。但是，即使改變構造，移動時的電梯容量也無法改變。

若無論如何必須以增加容量打破僵局時，可能想到的做法是「二樓式的電梯」，當顧客打算前往展望台時，如果再建造一部在一、二樓都可以同時搭乘的電梯，那麼要在二樓搭乘的人必須首先爬一樓的樓梯。不過，相反地在一樓搭電梯上展望台的人到達終點後，必須再爬一層樓梯才能到達展望台，這樣就可避免顧客的不滿。

但是，這在技術上與預算上都有問題，也無法避免設置這樣的電梯後會招致顧客的反彈。如果這樣也辦不到的話，其他還有什麼辦法呢？

事實上，美國某大廈就曾經碰到這樣的問題。經過連日會議的結果，終於有人提出「爲何不可讓顧客等候呢？在等候時只要不讓他們在意等候的時間，自然就會減少顧客的抱怨。」在這個構想的轉換下，終於得到結論，從此之後，在煞風景的電梯大廳裡有花、圖畫等的裝飾，也擺設了鏡子。結果不出所預料，顧客不再有所抱怨了。

「想辦法不讓顧客等候」這個難題，事實上只要把問題重新設定爲「想辦法讓顧客在等候中不會感到不快」，就能輕易地解決問題。

同樣的，假設某推銷員的推銷基準變成「半年内銷售五十輛汽車」，推銷基準量變成以往的兩倍。如果要依照基準完成時，若依以往的方式，光是反覆個別訪問，中古車的銷售量也許可增加，但是，要出售以往兩倍的新車幾乎是不可能的。因此，把這個基準重新設定爲「半年裡達到和銷售五十輛新車一樣的收益」，如此一來，對公司的貢獻不但一樣，至少也可以減少不可能的要素。

根據以往的方式銷售四十輛的新車，所剩餘的十輛車的收益，則以加倍於以往的速度，出清中古車來彌補，把問題重新設定之後，就可以採取這種變通的方法。

從上述的例子，可充分地明白，當碰到難解的問題時，重新反省問題本身是何等的重要。商業界所面臨的問題和學校的考題大不相同，問題本身鮮少是不變的。

如果找不出答案時，就改變問題的設定。有許多情況只因爲如此，而找到解決問題的新方向，從而產生絕妙的方案。

表十四

朝代	年號	年　　月	人　物	職責內容	有 關 資 料	有 關 資 料	有關資料
後梁	貞明	元年四月	(供奉官)扈　異	撫諭魏博軍，張彥不遜，投詔于地，侮罵詔使	舊五代史卷8頁121	通鑑269頁8788	
後梁	貞明	六年九月	(供奉官)竇　淮	曉諭靜勝節度使以移鎮。	通鑑2頁8858		
後晉	天福	五年五月	(供奉官)劉彥瑤	馳詔以論叛軍李金全，金全不降。	冊府73帝王征討三頁1077	舊五代史卷79頁1040	
後晉	天福	四年三月	(供奉官)齊延祚	乘驛往諭叛軍王彥忠，彥忠降。	舊五代史卷78頁1027		
後晉	開運	（初）	(供奉官)羅彥瓌	命宣慰大名府，銜枚夜發，往返如期。	宋史250頁8827		
後周	廣順	元年正月	(供奉官)張令權	齎校書諭河東僭僞劉學。	冊府66帝王發號令五頁741		

，但遣劉鄩加兵，立當傳首。帝由是不許，但以優詔答之。使者再返，彥裂詔書抵於地，戟手南向詬朝廷。（頁八七八八）

《舊五代史》卷七八、後晉天福四年（九三九年）三月庚申條：

靈州戎將王彥忠據懷遠城作叛，帝遣供奉官齊延祚乘驛而往，彥忠率眾出降，延祚矯制殺之。（頁一〇二七）

如表十四所示。

㈣戰時之撫恤活動

大抵戰爭帶來之後果，除了勝負之關鍵外，更加是地方人力及資源之不斷虛耗。要應付一場持續之耐力戰，戰時之撫恤活動是不可缺少。諸如押賜軍物以慰軍心、安撫流民而定邊土，以至收拾屍骸而加以祭祀，皆爲戰爭中主要之善後活動。其間，三班官參與甚爲積極，代表著戰時帝王特派之親民官。

1.押賜軍物與勞軍

如表十五之例所示：

《冊府元龜》卷一二八、帝王部、明賞二、後唐同光三年（九二五年）六月條：

招討王晏球獻曲陽之捷，令殿直陳知隱押銀腰帶、鞍轡賜北面立功將校。（頁一五四四）

《冊府元龜》卷一三五、帝王部、愍征役、後晉天福二年（九三七年）十二月條：

的問題。公司的最終目的乃是提高利益，今後也許不一定要向②的總公司交貨，而尋找其他條件較好的貨主。另外，以④的條件而言，也可以找更便宜的採購處。至於⑤也可以和勞工工會洽商，取得某種程度的共識與協調，利益提升時年終獎金也增多。對勞工工會而言，這也是可喜的事。諸如這般去除以往的限制條件後，也許可能對公司帶來更大的利益，而突飛猛進的可能性。

如果無法曬乾就吹吹看

反過來運用框內思考的心理，而在新製品開發上獲致成功的絕好例子，是三菱電機的「棉被烘乾機」。目前三菱電機出品的棉被烘乾機年銷售一五〇萬台，是極大的暢銷品。這個商品的問世，乃是三菱電機的開發部門大膽地超越「框內思考」的結果。

三菱的棉被烘乾機是從墊被的裡側送熱風，由內側烘乾棉被。目前幾乎所有的棉被烘乾機都採用這個方法。不過，在此之前其他的公司都無法實現這個構想。

在三菱的棉被烘乾機問世以前，也有二、三種家庭用的棉被烘乾機。但是，那都是把棉被放進一個極大的容器裡，從容器裡送熱風給予乾燥的烘乾機。棉被是隔熱性極高的物品，若要使整件棉被變得烘熱，必須送進大量的熱風。當然，不但電費提高也花時間。所以，以往的烘乾機並不太實用，在市場上也沒有獲得成功。

以往的棉被烘乾機之所以無法受到消費者的歡迎，無非是製造商在無意識中被棉被乃是「在太陽下烘乾的東西」的觀念所束縛。換言之，無法「從棉被的表面烘乾棉被」的框內思考脫離而出。但是，三菱的棉被烘乾機是在墊被的棉被套裡面放進墊袋，將熱風吹進墊袋裡側使棉被各個角落都充滿熱風。

「不能曬就吹吹看」，採用這個方法時，熱風會穿過棉被裡的纖維，慢慢地把濕氣排出外面，這是以棉被本身為容器，從裡側烘乾棉被的方法。採用這個方法時，一併解決了容器和棉被所具有的隔熱性能等問題。

據說促成這個構想是因為三菱電機有一名單身職員，為了使棉被暖和，用吹風機在被窩裡吹熱風，結果發覺這個方法效果不錯。因為他是個單身漢，並無法經常把棉被拿到太陽光下曝曬。但是，偶爾也想睡暖烘烘的被窩，於是想到用吹風機在被窩裡吹熱氣的偷工減料的方法。但是，這個偷工減料的方法卻打破了傳統的「框內思考」，促成了製造消費者所喜愛的暢銷商品的構想。

如何面對「美國人喜好大型車」的限制

當然，考慮問題時並非只要去除限制條件就可迎刃而解。若是細小或經常處理的問題，根據以往的框內思考來考慮反而容易解決，效率也較高。

宣遣承旨劉貞義，押風藥往軍前賜中傷將較。（頁一六三三）

2.安撫流民

《冊府元龜》卷一〇六、帝王部、惠民二、後晉天福七年（九四二年）十二月丁丑條：

詔遣供奉官馬廷翰雒京賑恤饑民。（頁一二七〇）

《冊府元龜》卷一六七、帝王部、招懷五、後周廣順二年（九五二年）二月癸卯條：

遣供奉官蓋繼明部送昭義界放還鄉里。（頁二〇一三）

除此以外，對於因戰爭而死亡之軍民而言，三班官更負責收斂與祭祀。

《冊府元龜》卷一三四、帝王部、念功、後晉開運三年（九四六年）正月丙寅條：

詔遣供奉官梁再筠使河中……時城內外殺傷餓殍遺骸，令瘞而祭之，時已有僧收拾屍首至二十萬。（頁一六三四）

同書卷、後周顯德元年（九五四年）三月條：

自攻討壽州已來，應有將士歿於王事者，宜差殿直劉漢卿於壽州四面收斂其屍，以官物祭奠本家，仍以優給，有男者，量與敘用。（頁一六三四）

如表十六所示。

㈤地方性之治安工作

三班官除了參與戰時之特別活動外，也負起地方之治安工作。日本學者日野開三郎《五代鎭將考

表十七

朝代	年號	年　月	人　物	職責內容	有關資料	有關資料	有關資料
後梁	開平	三年十月	東頭供奉官 段　凝	充左軍巡使兼水北巡簡使。	冊府766總錄攀附二頁9109		
後唐	清泰	元　年	（供奉官） 丁昭溥	爲軍巡使，晝夜督促民間繳納貨財、囚繫滿獄	冊府510邦計重歛頁6115		
後晉	天福	八年 十二月	殿　直 供奉官	共廿六人，自河陰至海口，分擘巡檢，以青州節度使楊光遠謀叛故也	舊五代史卷82 頁1083		
後漢	乾祐	二年七月	（供奉官） 王　益	與供奉官時知化、仕繼勳受命巡檢，趙思　作亂不能制。	舊五代史卷102頁1359–1360		
後周	廣順	元　年	（西頭供奉官） 劉重進	爲潞州巡檢。	宋史261 頁9465		
後周	廣順	元年五月	（供奉官） 馬彥勍	于考城縣巡檢，坐匿赦書，殺獄囚。	舊五代史卷111頁1473		
後周	廣順	二年正月	（供奉官） 張令彬	于徐州巡檢，擒賊將燕敬權。	舊五代史卷112頁1479–1480	通鑑290 頁9473	
後周	廣順	二　年	（供奉官） 康延澤	永興李洪信入覲，遣延澤巡檢。	宋史卷255 頁8926		
後周	顯德	元年九月	（供奉官） 郝光庭	先是與供奉官副都知竹春璘于華縣巡檢。	冊府154帝王明罰王頁1872	舊五代史卷114 頁1520–1523	
後周	顯德		（供奉官） 張　勳	周世宗征淮南，以勳爲申州緣淮巡檢。	宋史卷271 頁9288		

以企業組織爲例，認爲「我們公司目前沒有任何問題」之時，可以說也許是潛在性的問題正慢慢地擴延的時期。雖然還不至於「一病息災」，然而當某些問題表面化時，也應留意與該問題相關的其他問題。但是，乍看之下似乎毫無問題的健康體，往往沒有察覺到事實上已經病入膏肓而落得爲時已晚的結果。

所以，若有強調「我們公司沒有問題」的經營者，那麼這樣的公司與經營者才可能遭逢重大的問題。

爲了避免這樣的狀況，我才建議讀者們試著運用我一再強調的「列表檢查法」。

這是根據自己最初所擬定的檢查表，審視眼前問題點的方法。檢查表因檢查的對象而有內容的差別，不過，如果懂得檢查的要領，根據對象的不同，檢查的內容也可以有某種程度的調整。

近代高樓大廈的最上層設立衛浴展示間的構想

譬如有一個頗爲暢銷的文字處理機，那麼，是否可以生產類似的商品呢？如果改變顏色、形狀、位置、式樣、尺寸、重量、上下左右、表裡、機能的範圍會有何反應呢？諸如這般做各項檢查。把米色的文字處理機改成黑色？或變成茶色？螢光幕上的顏色是否可以考慮變成其他的顏色？最近新開發的鍵盤可收在桌子抽屜的形式，不過，難道不可以改成布製的鍵盤嗎？事實上從這些構想而有了現在的免按式電子計算機。

另外，文字處理機上面的螢光幕距離太近看不清楚，是否可以改成掛壁型的大型螢光幕呢？是否可以將系統碟片和文書碟片縮成一張呢？

以外行人的觀點，根據上述的檢查表做一番檢查時，雖然有生產上的問題，不過，對於文字處理機的款式會有許多各式各樣的變革。

做成平面狀或立體狀、變硬或變軟、加長兩倍或給予組合、分割、做成男用、女用、兒童用或老人用、做成動物或機器……根據自己的檢查重點列成表後，再依表上所擧的事項一一地檢查。

如此一來就會產生許多固有的概念下不可能存在，卻有趣的東西。譬如「白黑板」等事實上已成爲商品化。而冰琪淋做成的天婦羅也成爲料理店的菜單之一，廣受消費者的喜愛。

即使是目前所流行的企業的ＣＩ（企業認識），也可從中看出想要在找不到問題點的地方提出問題的意圖。雖然並沒有衍生必須立即給予解決的問題，不過，這是組織把具有的潛在性的問題點明確化，以圖謀組織活性化的意圖。

譬如，前面所介紹的ＩＮＡＸ衛浴廠商名稱中的「Ｘ」，具有暗中隱喻未知數Ｘ的意圖。從開始更改公司名乃至試著改變企業組織中的各種形態，成功地改變了自己企業的形象。

譬如，他們在東京六本木的一棟現代化高樓大廈的頂樓陳列衛浴設備的展示間。而且，彷彿思溫至鳳翔城，晝夜監臨督促以湊數⑱，即爲其中一例，茲列表見表十八。

除監當之工作外，三班官亦須負責地方之建置工作。

《舊五代史》卷八一、天福六年（九四一年）十一月庚寅條、引《五代會要》：

差供奉官陳審璘往洛京，于太廟內隱便處修蓋庫屋之間，俟畢日，催促所支物色，監送入庫交付訖，取收領文狀歸閣。（頁一〇七三）

此外，後周顯德四年（九五七年）四月間，供奉官孫延希亦曾負責修建永福殿，擔當督役工作⑲。大抵監當與建置之關係密切；所謂建置，包含了監督物料與役夫之工作。故二者常以三班官充當。遇有天災，亦須擔任弭禍之工作。較明顯之災禍莫過如水旱與蝗禍，故此，三班使臣亦充任祈雨與捕蝗之職責。

《冊府元龜》卷一四五、帝王部、弭災之、後唐清泰元年（九三四年）七月甲辰條：

詔以京畿旱，遣供奉官賀守圖湯王廟取聖水。澤州西界有析城山，山嶺有池水，側有湯廟，土人遇旱，取水禱雨多驗。先是帝憂甚旱，房暠言聖水可以致雨故也。（頁一七六二）

同書卷、後唐清泰三年（九三六年）七月丁亥條：

自夏不雨，京畿旱。遣供奉官杜紹懷往析城山取聖水。（頁一七六三）

同書卷、後晉天福六年（九四一年）六月條：

丁巳，宣遣供奉官衛廷韜嵩山投龍祈雨。壬戌，宣供奉官朱彥威等七人各部領奉國兵士一，指

揮於封丘、長垣、陽武、浚儀、酸棗、中牟、開封等縣捕蝗。又遣內班秦宗超亳州太清宮祈雨。（頁一七六四）

除了京畿外，三班官以捕蝗使臣之身份，在河南、河北、關西分別搜捕⑰。

總括而言，三班官之職責是多元化的。其職責之範圍視乎帝王所任命之工作性質而定。就工作之類別，雖然可分爲上述六項之綱領，然而並非表示個別之間可視爲完全獨立之性質。事實上，每項工作之間多少存在著相互之關係。諸如外交之行動，多少包括著偵察與曉諭；軍事之行動亦有處決與奏報；巡檢亦不能逃避領軍與監當之需要。故此，在其獨特性工作背後亦有其共通點。然而，無論其個別職務如何細分，其整體之任使精神甚爲明顯。乃爲了在紛亂之時代，加强中央對地方監察之控制，成就帝王權力集中之工作。

四、五代三班官武官化趨勢之總檢討

三班制度，本來就是源于外廷之監察系統而來，故此，唐末以還，三班官文官性質之意味仍然很重。五代對三班之制度來說乃重要之時代。蓋五代以後過渡至宋代，三班官即成爲三班武臣寄祿之小使臣⑪。三班官武化之趨勢，除了可以從其制度之擴大與軍職接駁之關係以理解外，最直接之方法，莫過如探究三班官自唐末以至五代職責性質之轉變。

利用形態分析法開發創造性

皮包的形態分析法中的一例

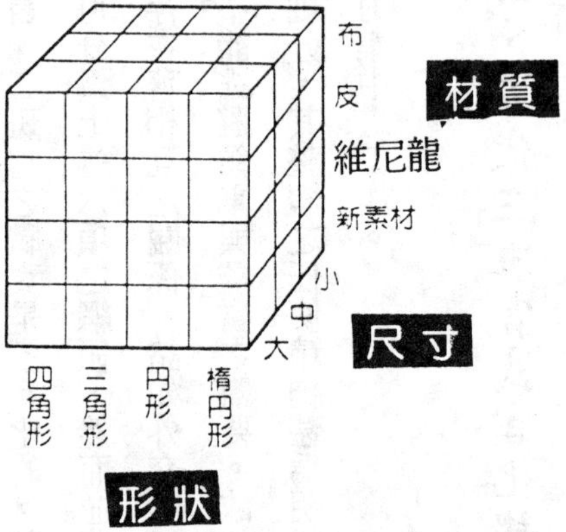

激發好構想的資料④

形態分析法是美國、加州工科大學的費利茲・茲奇教授所考察出來做爲創造性開發的訓練法之一。這是將對象以形態做分析，以掌握所有可能的構想的方法。

譬如，針對皮包的主題，分成「形狀」「尺寸」「材質」等三個次元時，就形成上圖的「思考的立方體」。以這個立方體來做思考時，就可得到四十八種形態的皮包。

而這三個次元根據其對象的商品，也可將內容或種類做「量」「顏色」的改變。如果再加上運用列表法所舉出的各種要素做爲附屬品，進行多次元的形態分析就更爲完善了。

第五章

具有創見者懂得如何割捨

產生好構想的常識捨棄法

，一方面成爲帝王外廷之親近機關，漸取代內廷隱蔽性，另一方面仍保留了唐代監察職能之舊面貌。

三班官得到迅速之發展，積極從事武人活動範圍之時間，應該在後唐武王與明宗時爲轉捩點。蓋後唐國度所遇到之外交問題，與後梁很不同。李克用在河東崛起時，很多情況下是與宦官進行合作。朱全忠之剷除宦官，多少表示了對爭霸對手之李克用一種示威。當宦官遭朱氏屠殺時，李氏則積極保護。

《舊五代史》卷七十二、張承業傳云：

張承業……咸通中，內常侍張泰畜爲假子。光啓中，主郃陽軍事，賜紫，入爲內供奉。武皇之討王行瑜，承業累使謂北，因留監武皇軍事……承業與武皇善，乃除爲河東監軍……崔魏公之誅宦官也，武皇僞戮罪人首級以奉詔，匿承業於斛律寺，昭宗遇弒，乃復請爲監軍。（頁九四九）

事實上，在後梁時期建立之各個地方割據政權，皆紛紛畜養收藏監軍之宦官，以作爲對朱氏勢力反抗之一種形式。

《資治通鑑》卷二六四、昭宗天復三年（九〇三年）二月條：

時宦官盡死，惟河東監軍張承業，幽州監軍張居翰，清海監軍程匡柔，西川監軍魚全禋及致仕嚴遵美，爲李克用、劉仁恭、楊行密、王健所匿得全，斬他囚以應詔。（頁八六〇一）

故此，以宦官體系爲主之三班制度，得到重新振興之機會。後唐莊宗對伶人之任用，遠超過其前後五代之統治者。三班官在這種情況下，漸次任使於較重要之軍事性任務上。關於其職責性質之轉變，後文將作較全面性之比較。總而言之，後唐三班官任使作風，給于後晉很大之啓示。使三班官漸次成爲列於外廷之武官班次。

在另一方面，五代三班官由內廷而轉向外廷，與當日群臣參朝天子習慣之轉變，即由前殿而趨向便殿，有密切之關係。例如《資治通鑑》卷二六八、後晉天福十二年（九四七年）三月丙戌朔條下，胡三省即註謂：

> 唐故事：天子御殿見群臣，曰常參。朔望薦食諸陵寢，有思慕之心，不能臨前殿，則御便殿見群臣，曰入閤。宣政，前殿也，謂之衙，衙有仗。紫宸，便殿也，謂之閤……自乾符（僖宗）以後，因亂禮缺，天子不能日見群臣而見朔望，故正衙常日廢仗，而朔望入閤有仗。其後習見，遂以入閤爲重，至出御前殿，猶謂之入閤。五代之時群臣五日一日見中興殿，便殿也，此入閤之遺制，而謂之起居。朔望一出御文明殿，前殿也，反謂之入閤……。（頁九三四七）

天子面見大臣，既以入閤爲常制而受重視。則原來處於內廷之官員，身份亦得以轉變，成爲大臣參朝時之要員，領班入閤。《五代會要》記載入閤禮儀時，即謂：

> ……皇帝自內著袍衫穿靴，乘輦至常朝便門駐輦，受樞密使已下起居訖，引駕至正朝殿。皇帝坐定，卷簾，殿上添香，喝：控鶴官拜，次雜叫，次閤門勘契，次閤門承旨喚仗，次閤門使引金吾將軍南班拜訖……次執文武班簿至位對揖，次宰臣南班拜訖……閤門使喝：拜，搢笏舞蹈

這個順序反而會造成障礙。

而且，文字只要能讀之後，總有一天便會寫。所以，先讓學生懂得閱讀，不也是個好方法嗎？石井國語教育的方式在日本的國語文界掀起了極大的改革。

「簡易漢字辭典」爲何便利

同時教導閱讀和習字會使兒童的國語教育的效率變差。但是，如果首先從「閱讀」開始學習，反而能更有效、有趣地教導文字。這個構想是源自從國語教育中抽取「閱讀」的要項而給予擴大的方法。

社會上既成的方法中，有時多半只是因循常識上的順序或條理而已。正因爲如此，偶爾稍微改變其順序，就可能產生以往從未想過的新機軸。

把這樣的構想巧妙地運用在製品開發上的是松下的隨身聽。這是從漸趨小型化的手提式收錄音機，抽取「聽」的機能而給予擴大的構想。換言之，徹底地改良音質而變成暢銷商品。但是，卻排除被認爲是收錄音機的必要條件的「錄音」「放映」中的「錄音」的功能。從這個觀點來看，同樣是暢銷商品的電視遊樂器也是基於同樣的構想。這是從複雜的電腦機能中抽取遊戲的機能並徹底商品化的結果。

另外，在旅途隨身攜帶的「簡易漢字辭典」也是從一般的大辭典中去除意義、語源等註釋，只把漢字擴大並清楚地印刷其字劃，徹底地做爲使人憶起突然忘記的漢字的用途。

諸如這般若認識 TRIMMING（抽取）和 DEFORMER（擴大‖誇張）的「T＆D」乃是新機軸構想的關鍵字的話，總有一天對您一定有所幫助。

33 爲何不可在冰箱裡烘乾內褲

●向常識、禁忌挑戰才能產生新構想

若扭轉地圖的南北就有層出不窮的構想

人的思考路線具有自由自在構想的機能，但是人卻無法自由地運用自由的思考路線。原因乃是人會擅自在思考路線上設立名爲「常識」的障礙物或禁忌。

當日本全國的繁華街實施星期天是步行者天國的當初，雖然車道、交叉路口的正中央已開放給步行者使用，但是，人們似乎不敢走在馬路的正中央或交叉路口的中央，這是因爲人具有不可走在馬路正中央的根深蒂固常識、不可擅自在十字路口中央徘徊的禁忌。

如前所述，石井勳先生在兒童的國語教育上，明顯地劃分文字的「寫、讀」，發現了劃期性的教育法。石井先生的構想之所以能獲得劃期性的成果，那是從打破「漢字教育必須讀寫並行」的禁忌開始。

筆者個人也曾經體驗過只要更動常識，就可使人的思考路線變得輕鬆自在的事實。一九六四年，在日本東京舉辦奧林匹克運動會時，據估計在主要競技場的周圍會有五十萬人左右的人潮。我也參與該如何解決人潮洶湧的問題所舉辦的檢討會。在會議席上張貼著會場周邊的地圖，大家共同思考對策。但是，卻想不出一個具體的好辦法。

當時我站起身走到台前，把張貼的地圖上下顛倒，就在那個時候會議席上各個成員的臉色突然閃現一道曙光，後來陸陸續續出現許多嶄新的構想。我之所以把北方朝上的地圖上下顛倒，乃是我認為這樣也許會和我們腦中所思考的地圖較為接近。我只是試著把地圖應該北方朝上的常識稍微動了一下手腳而已。

從前，日本評論家犬養智子女士曾經著作了一本令人嘆為觀止、突破常識理念的『家事秘訣集』而大為轟動。雖然其主旨是從懶散中所產生的機能主義、合理主義，不過，裡面所寫的全都是突破常識的嶄新構想。

譬如，廚房的流理台最適合替嬰兒洗澡，那個地方有冷熱水，高度也恰當。小件的洗滌物放在冷藏庫裡不但容易乾燥，而且，夏天把衣物放在冷藏庫冰凍後，穿起來感覺非常舒服。馬鈴薯放在洗衣機裡清洗可以將外皮剝得一乾二淨……諸如這些家事的巧思集錦。

把以往所認為的流理台是做為洗滌碗盤、處理料裡的場所，冰箱是儲藏食物的地方，洗衣機的功能是洗滌衣物等家庭內的「常識」，全部一八〇度的大轉變。

雖然名為具體的家事巧思集，事實上是劃時代地突破家事上固有觀念的禁忌，是一本令人拍案叫絕讀起來大為痛快的書籍。但是，也正因為如此似乎頗受重視固有常識、具有保守性觀念的主婦們強烈的反擊。

何以外國人是活用日本器具的急智星

突破名爲常識的禁忌時，難免會遭受常識派的反駁。但是，如果一直置身於常識世界的裡側，則永遠無法產生新機軸的構想。對於與自己處於共同常識世界的同伴，有人違背常識時會給予反駁的保守派，卻往往看見和自己處於不同常識世界的人，在不知情的情況下違背應有的常識時，反而對他們的構想肅然起敬。

譬如，美國的觀光客把在日本購買的天狗面具擺在家門口當成帽架的情況。以日本人的常識而言，表面塗上漆器的天狗面具只能掛在客廳做壁飾。

但是，不懂日本人生活習慣的美國人，卻從天狗那個粗長而前端渾圓的鼻子，自然地連想到做爲帽架的構想。同樣的，有不少外國人把日本自古以來的磁製大火盆，當成擺放在起居間或陽台上的花盆使用。

純粹以裝飾商品來考慮的話，天狗面具的確可做爲帽架用的美術品，而火盆同樣可成爲具有美術價值的盆栽。

日本人之所以「意外地」發覺外國人使用天狗面具或火盆的方法，乃是因爲他們具有天狗的面具是做爲室內裝飾用的壁飾、火盆是裝塡炭火的器皿常識。

本來，社會的大常識當主體意識隨著社會變化有所改變時，也必須隨著變更。但是，事實卻不然，有很多情況反而變成一種禁忌，毫無意義地阻擾思考的迴路。

正因爲處於事物迅速變化的現代，在這些禁忌的外圍思考事物，才可能有出類拔萃的構想。

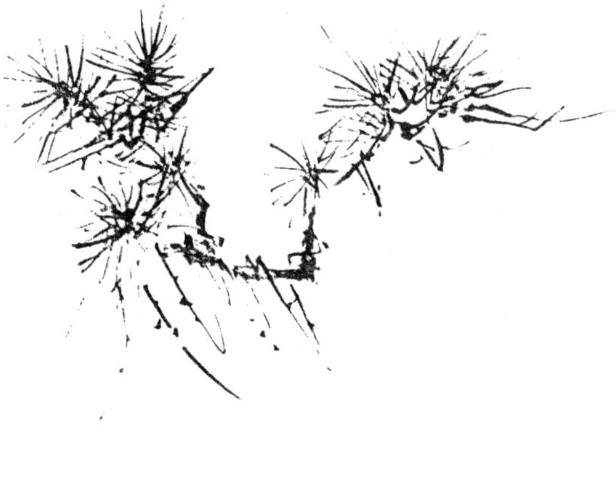

34 人各有所好、自由發揮才能產生好構想

●把看似意外的事物聯想在一起反而會產生新事物

把宮本武藏和泰國觀光秀聯想在一起的獨特構想

筆者曾經聽一名常年住在泰國曼谷的日本商人說，在泰國可以看到兩名壯漢彼此用雙劍互擊的「擊劍秀」。當然，這是因循泰國古式武道的表演。

那位日本商人說他看到泰國的擊劍秀後，才察覺到也許日本的宮本武藏是在全國行腳修行中，在長崎等地有機會看到泰國武術家的比賽。說不定就是看到泰國人的擊劍賽，才想到使用他那著名的二刀流刀法。

對以往兩隻手臂只使用一把刀的日本武士而言，宮本武藏左右各拿一把刀的二刀流，一定使他們大感驚訝。武藏的二刀流可非同小可，不過，把武藏的二刀流和泰國式劍法結合在一起的那位日本商人的獨特想法，並非固守常識的保守派的人所能想像得到的。由此可見，他必定是具有自由而靈活的思考迴路的人。

若只根據常識運用頭腦機能並無法產生嶄新的構想。假設一個思考迴路是一條馬路的話

，任何人都走同樣的馬路，當然無法達到互不相同的目的。不過，思考迴路的性質和一般馬路稍有不同。

舉例而言，從東京到橫濱可採取電車或行駛高速公路，體力較好的人可騎腳踏車或徒步前往，或者搭遊艇繞東京灣前往，甚至也可雇直升機直達。空間移動都有其物理方法上的限制，然而思考迴路卻沒有這些限制條件。事實上，若能巧妙地運用毫無限制的思考迴路的特質時，就可能發現意想不到的新構想。

「宮本武藏」和「泰國曼谷的觀光秀」乍看之下並無任何關係。然而把看似毫無關係的兩件事結合在一起，將「江戶時代初期的長崎」×「二刀流開眼」，運用自由焦距鏡頭對準焦距而相提並論的作法，姑且不論其著眼點是否具有歷史上的正確性，但的確是個國際性商業家才可能有的構想。

換言之，人的思考迴路具有像ＵＦＯ一樣可在空間、時間、意義的世界縱橫無際地飛馳的性質，所以，那有不應用這個特性的道理。

把女性和健康飲料結合在一起的關鍵

從前，美國的ＧＥ（General Electric Co.）爲了突破銷售陷入瓶頸狀態的烤麵包機的營業額，召集職員們集思廣義以找出解決之策。

當時，職員提出的構想中有一個奇妙的方案。內容是「在烤麵包機的旁邊裝捕鼠器」。於是高級主管叫那位職員前來詢問其緣由。該職員說：

「我家的烤麵包機的底部經常殘留麵包屑，到了深夜就有老鼠前來偷吃麵包屑。因此，內人每天早上心情都糟透了。」

開發負責人立即將這個構想反映在製品上。

不過，反映的方式並不是眞的在烤麵包機的旁邊裝捕鼠器，他只是將〈烤麵包機↓麵包屑↓老鼠↓捕鼠器〉的思考迴路稍做變更改成〈補鼠器↓老鼠↓麵包屑↓不殘留麵胞屑的烤麵包機〉而已。

簡單地說，是把製品改良成不會殘留麵包屑的產品，而以「不殘留麵包屑的烤麵包機」爲宣傳重點進軍市場。這個商品一舉消除了GE長年來的營運赤字，在市場上大爲暢銷。換言之，它變成了起死回生的新機軸商品。

如果思考迴路是「麵包和麵包屑」大概無法產生這個構想吧。因爲，這兩者間是太過稀鬆平常的關係。然而正因爲和「捕鼠器」這個完全異質的構想結合在一起的關係，而使開發負責人的腦筋靈機一動。

最近，日本大塚製藥，從女性常有便秘煩惱的觀點，將一般人很難聯想在一起的健康飲料和女性這兩個項目連接在一起，而開發了具有消除便秘作用的「纖維飲料」構想，也大發利市。

不久前，在日本千葉縣開幕的鳳琳鄉村俱樂部，委任岩城亘太郎先生做高爾夫賽程過程設計，做成帶有水墨畫情趣的日本庭園格調。俱樂部裡的地毯或壁飾則採用日本畫家加山又造先生的作品，休息室有時還提供茶道的服務。這家高爾夫俱樂部在傳自英國的高爾夫這個外國製的運動世界中，添加了性質迥異的日本文化的馨香。

由於這所高爾夫球場遠離東京，經營者想盡辦法增添具有特色的附加價值的結果所產生的新機軸，果然在東京的高爾夫迷之間掀起了一股熱潮。

將常識中形同陌路的異質情報結合在一起，從中探討出一個答案的方法，乃是產生新機軸構想的基本之一。

想不出好構想的想法⑦

產生好構想

看見他人的失敗認爲「幸好不是自己」

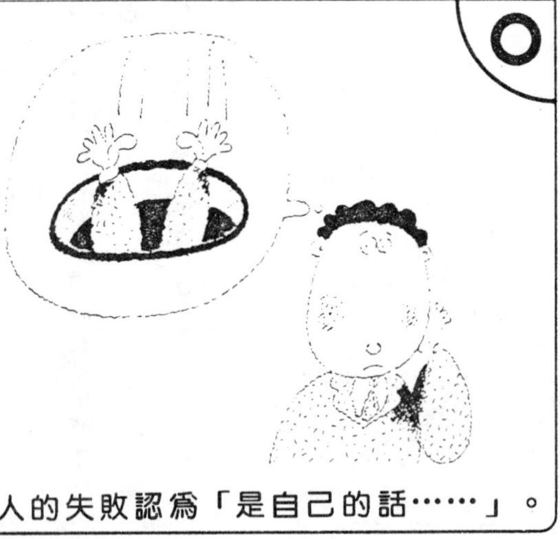

看見他人的失敗認爲「是自己的話……」。

想出好構想的想法・

擅於運用他人的構想

詢問他人意見時說：「該怎麼辦？」

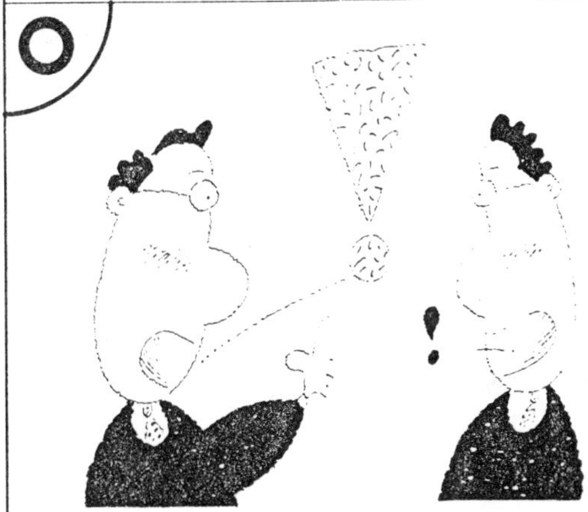

詢問他人意見時說：「我想這麼做…。」

35 沒有辦公桌反而業績蒸蒸日上的公司

●不根據社會一般的理論，以實態、實質做思考時容易產生新構想

一個月份有三個月日期的神奇月曆

前一陣子我到某醫院拜訪時，發現病房掛著這家醫院特製的月曆，這個月曆和一般的月曆不同。一般的月曆是單月或雙月一張，但是，這個單月十二張爲一本的月曆，每張上都印有三個月份的日期。

我問院方何以印刷三個月的日期，原來患者入院期間若是在換月的交界日期，不久就進入下一個月份，入院期間較長的患者還會延到下下個月份。因此，爲了顧及患者不必一一地到月曆前翻閱自己住院的期間，而在每張月曆上印有上個月和下個月的日期。我覺得相當佩服，這的確是符合醫院實情的實用月曆。

諸如這般，一旦捨棄社會一般的作法（一般論），雖然有些標新立異，不過，再一次重新思索所面臨的實態或實質、本質，也是產生嶄新構想的方法。有些公司在採用新進人員時，不問其出身學校的作法可說是其典型。

並非台大的畢業生腦筋一定靈光。成績好和企業界所需要的好腦筋之所以出入甚多，乃是一般人根據台大的招牌而高估其人品。因此，有些公司嚐試著不看「學歷」，而看當事人的人事資、經歷。

從某個觀點來看，這乃是理所當然的事，因爲，學歷並非當事者的本質，當事者的本質另有其他。這也可以說是企業的戰略之一。

有一次，我曾經到前述的「SANRIO」這家經營各式時髦用品，且在市面上出售各種偶像商品的公司拜訪時，大吃一驚。

一般公司辦公室的桌椅都併排得井然有序，但是，這家高度成長公司的辦公桌卻任意擺放，只不過中間有間隔。

我詢問其中的緣由時，據說每個人各自爲營工作效率較高。根據一般的概念，房間乃是做爲外界和個人隔絕所用，桌子可以說是其中的典型。換言之，只要和外界隔離就自成空間，個人可以輕鬆自處也能集中精神在工作上。

SANRIO這家公司的桌椅正是根據這個概念。它可以說是重視「實質」遠勝於形式的公司。

美國經營者協會會長羅倫斯・A・阿布雷曾說：「若要提高工作效率，幹部並不需要辦公桌。」

若以幹部所處理的工作的「實質」來看，羅倫斯會長所說的一點也不錯。幹部所處理的桌上業務乃是檢討部屬所書寫的報告書、在文件上簽字、與人會晤、打電話、指示部屬工作等，多半是不需要辦公桌的工作，根本不必成天翹腳坐在大型辦公桌所附帶的大型扶手高背椅上。

配合業務員「實態」的辦公室

有時沒有辦公桌反而能迅速地處理工作。

日本的ＩＢＭ同樣的也是沒有辦公桌的公司。業務員的工作是到外面招攬生意。當然，與顧客連絡或製作必要的資料時也是需要辦公桌的。但是，並非必須經常做桌上作業的事務員。如果留意業務員工作的「實態」，就會得到不需要辦公桌的答案。

當然，並非完全不需要辦公桌，只是利用他人有空的辦公桌做桌上作業而已。換言之，不必有業務員專用的辦公桌。

爲何一張辦公桌也值得當成問題呢？其實這乃是意識的變革，藉此可以重新反省自己的工作所具有的性質。沒有辦公桌可以使人意識到業務員的工作並非桌上作業的事實。

這種觀念有其利點。身爲幹部者不會愚昧地把自己綁在辦公桌前，而會積極地與人會晤，到戶外拉攏生意，親自到部屬的座位前給予適切地指導。這是身爲幹部者應該做的事。

從前，筆者曾經會晤某製紙關係企業的社長，這位社長也是自己主動出擊的類型。他說：「因為我是社長，所有的文件書類都送到我這裡來，只要把文件書類放進『辦妥』的箱子裡，秘書就會把它拿給我。但是，我卻直接把書類文件交給部屬。這樣我才能切身地知道對方在想什麼、他的部門景況如何等等。」

附帶一提的是他升級為董事時染患心臟病，主治醫師告訴他如果當上社長大概無法肩負重責。但是，他卻說絕對會遵守醫生的指示，請醫師持續半年的觀察。對自己的健康狀況控制良好，到現在還擔任社長的職位。在私生活方面，也是個敢做敢為的人。

36 在構想的世界「下克上」並不足爲奇

●反轉既成價值的順序即可發現另一個新的價值

把普通、上等、特等的價格表順序顚倒的獨特鰻魚店

筆者經常光顧的餐飲店中有一家以輕井澤爲中心做連鎖店經營，名稱是「鐵三郎」的鰻魚煎烤肉店。這個商店是老饕者所熟悉的名店，甚至有些人聞風前來還拍了照片做紀念。其獨特之處在那裡呢？首先必須一提的是，雖然它是座落於皇室關係者所住宿的王子飯店之前的高級地段，然而顯得骯髒破舊令人難以恭維的木板店門前擺著告示板，上面寫著「吝嗇、寒酸、囉囉嗦嗦者敬請止步」，一眼就令人覺得不是一般普通的商店。

在擁擠的店裡到處還貼著告示，諸如「身體不適者請通報一聲」等等。原來老闆會根據顧客的體力或胃腸狀況改變燒烤的狀態。另外，在放有冰塊的保麗龍箱子上滿滿地擺著自由取食的新鮮小黃瓜等，的確是個匠心獨具的店。而其中最令我感佩的是，菜單的書寫法。

一般的鰻魚店都是依普通、上等、特等的等級而價錢越來越高。但是，這家鰻魚店卻完全相反。連鎖店的另一個商店裡則分成社長級、高級主管級、一般職員級等，不過，社長級

最便宜，一般職員級最貴。進到店裡來的顧客一開始都會感到訝異。不過，隨後即露出微笑然後開朗地點叫「今天就來一客特等鰻魚吧」或「全部都來社長級」。

現在也許沒有人因爲貧窮而只能吃普通的鰻魚飯。但是，在這個店裡至少不會有必須感到羞澀而悄聲地訂購「普通級」的氣氛。非但如此，還聽到點叫最便宜菜單的顧客用最大的聲音點叫。而另一方面點普通鰻魚的顧客所吃到的，卻是不同凡響的最高級品。

日本輕井澤這個休閒地區已經不再是部分白領階級所擁有了。每天有不少在公司被上司緊追不捨的上班族到這裡來鬆弛緊張的身心，對這些顧客層而言，扭轉平常順序的這份菜單即使只不過是一個玩笑而已，但是多少也具有消除精神壓力的效果。也許平常處於衆人之上、威風凜凜的社長族們，偶而也可在此體驗一下輕鬆的職員氣氛吧。

扭轉順序而產生自由的構想以掌握人心

人應該試著不要因循一般人所認爲理所當然的順序、行列，返回起頭點的重點做一番思考。如此一來，必可從中發現更適合當時狀況的新價值的順序。基於這一點令我感到十分佩服的另一個例子是，擔任「合歡學園」園長的女明星宮城眞理子對孩子的處理方式。

在合歡學園碰到用餐時間時，把年齡大小不一的孩子分成數組分配在餐桌上。各個餐桌則由宮城女士和其他職員分別在旁照顧。開飯時一一替孩子們盛飯的順序頗令人注意。本來以爲盛飯會先盛給吃得較慢、必須有大人在旁照料的年少兒童、重症的兒童開始，然而卻正好相反。在合歡學園裡，盛飯都先盛給年紀相當大幾乎可以自己動手盛飯的孩子或比較不費事的兒童。

爲何會把一般人所認定的順序做這麼大的轉變呢？學園一天的日子非常長，每天二十四小時就是忙著照顧孩子的生活起居。其中最耗費時間的，當然是年幼的兒童、重症的孩子，爲了這些孩子幾乎整天寸步不離而無法照料到不需特別看護的較大兒童，甚至有時候一整天顧不了他們。爲了向忍耐了一整天的孩子傳達他們並沒有被忘記，而且我們感到抱歉並覺得感謝的心情，在大家集合一起的飲食時間，特意在衆目睽睽之下首先替他們盛飯。據說宮城女士認爲這是最實際地回復和這些孩子之間心靈相通的機會。

筆者和他們同桌共餐時的確發現那些年長的孩子、輕症的兒童一副顯得滿足甚至驕傲的表情，接受大人所盛的飯。

不論是觀念或構想的技術，追根究底就是如何掌握人心。因此，我認爲重新反省既成的價值順序，從自由的觀點掌握人際關係、顧客心理與需求，而找出另一種價值的順序也是極爲重要的作業。

37 是否曾經懷疑過地球正在繞轉的事實

●即使是深具權威的學說，若思考其背景，就可看出其中的盲點

相信既有的學說，不信任自己實驗結果而失敗的費爾頓

ＳＯＮＹ目前是世界首屈一指的企業，也是學生們所渴望就職的公司。從前，ＳＯＮＹ曾經對外發表廢止履歷表上的學歷記載，成爲廢棄學歷主義的尖兵，在社會上造成轟動。熟知ＳＯＮＹ的人都認爲否定既成的構想或權威，向未知的世界挑戰的姿態乃是繼承ＳＯＮＹ的開創人井深大先生的精神。

許多人認爲井深先生一概無視於大學教授或博士的權威，經常帶有把某權威打倒或和某某協會抗爭的「挑戰心」，乃是造成ＳＯＮＹ陸陸續續產生嶄新商品的原動力。正因爲ＳＯＮＹ目前可謂世界之冠的企業，井深先生的這種精神的確頗負暗示性。因爲，其中也潛藏著思考方式的技術。

從前，一名叫做費爾頓的科學家在測定固體氦元素的傳熱度時，曾經獲得當時正成定論的數值的五〇〇倍。但是，雖然費爾頓所採取的是正確的測定方法，然而他卻不懷疑自己所

認識的數值，而深信自己在測定上有所過失。

後來，英國一名年輕的科學家發現測定熱傳導率的新法，反覆測定各種物質的結果，向大衆發表固體氦的熱傳導是當時已成定值數值的五〇〇倍。

費爾頓得知這個發表後感嘆的說：「如果我能夠脫掉『習慣』的帽子而帶上『創造』的帽子……。」

他所說的『習慣』是指對既成的權威囫圇吞棗的人的習性。如果對已成定說的數值表示懷疑，只要對其「權威」是從何而來，是根據什麼方法所產生的結果進行一番調查，費爾頓也不會被英國的年輕科學家捷足先登奪走名聲。

人具有看見他人的「後光」而肯定當事者所有一切的心理層面。認爲某某權威既然這麼說大概錯不了的想法，也是基於同樣的心理。在心理學上稱此爲「後光效果」。譬如，在會議席上議論進入白熱化，而社長針對某個意見表示贊成或反對的態度，這時會議不會陷入高潮，反而變得冷卻，幾乎所有的人都會贊成社長的意見。

懷疑權威才能產生「思考」

即使是多麼具有權威的事項或大人物的意見，也不可毫無懷疑地全盤接受，否則根本無法產生任何問題意識。極端地說，我們甚至應該懷疑地球在太陽周圍繞轉的事實。事實上並没有太大的人確認地球是否眞的不停地自轉。多數人大概是因爲偉大的科學家這麼說而認爲大概錯不了。

當然，我並不是主張要否定所有的權威，把他們視若無睹。權威的確有其重要性，而且，很多情況甚至已變成眞理。

反過來說，正因爲它是正確的而難以懷疑。即使有所問題也不難發現，那麼，我們該怎麼辦？我們應該試著仔細地調查某權威或定說所產生的背景、原因。

一九八六年日本電化製品市場有一個異軍突起的商品。那一年是松下電器推出洗碗機的新製品，扭轉業界認爲絕對無法暢銷的定說，意外地變成暢銷商品的一年。

這個商品曾經在一九五五、六五年代兩次由各個廠商一窩蜂地製造打算興起熱潮。因爲，在西方國家這個製品的普及率高達百分之五十，但是，以往兩次的市場探索都與事前的預測背道而馳。

洗碗機一連兩次都無法在市場上創造佳績，各個廠商不得已只好打退堂鼓。到底是美、日主婦意識的不同或食器不一樣、生活感覺的差異？經過幾番檢討仍然無法掌握眞正的原因。不久，漸漸形成了洗碗機無法在日本普及的定說。

就在這個時候，留意到「日本主婦的就職率已超過百分之五十」資料的是松下電器的田中秀長先生。田中先生認爲在這樣的時代，主婦使用洗碗機已不再有罪惡感，同時，任何家人都可以輕易地洗滌餐盤，也可減輕主婦的負擔。

當時的狀況和洗碗機在美國大爲普及的情況大爲類似。田中先生的著眼點正中核心，把以往的定論完全給打翻。

這是不妄信業界的定說，而調查之所以產生定說的當時背景，對既成的定說給予懷疑而獲得成功的例子。洗碗機在日本無法普及的定說背景中，主婦的罪惡感佔居要項。若是如此，只要消除這個要素，洗碗機就能賣得出去。這個道理一點也不困難。

同樣地，即使是業界偉大人物的意見，大企業和中小企業、老鋪和新興企業之間的情況大不相同。如果不根據自己公司的規模或特殊性、立場的不同做一番考量，也可能慘遭滑鐵盧。有些人指稱佛像若沒有後光也是普通的人，這也有它的道理。有時我們應該把對方所擁有的總經理、學者或專家等頭銜去掉，把對方的意見重新再做一番考量。

38 「遊樂」盛行時就注意「勤勞的美德」

●思考與目前成功的事物相反的主張、命題即可產生嶄新的事物

「勤勞」的時代才大爲流行的南非黑人（BUSHMAN）哲學

最近數年我在演講會上經常藉題發揮的是電影『BUSHMAN』的宣傳文句。這部電影在數年前相當轟動，也許有人會想到我所要談的內容吧。以下錄取全文以供讀者參考。

因爲太陽升起來，所以睡醒了
因爲睡醒了，所以肚子餓
因爲肚子餓，所以打獵
因爲打獵，才能吃飯
因爲能吃飯，所以不需要金錢
因爲不需要金錢，所以不用勞動
因爲不必勞動，所以有時間
因爲有時間，所以可以遊樂

因爲正在遊樂，所以沒有不滿
因爲沒有不滿，所以沒有爭吵
因爲沒有爭吵，所以心情好
因爲心情好，所以想睡覺
因爲想睡覺，所以太陽西沉
因爲太陽西沉，所以什麼都不知道
所以非洲是和平的
所以，我們都是BUSHMAN

怎麼樣，忍不住莞爾一笑吧，事實上以經營者爲對象做演講時，這套BUSHMAN哲學頗受好評。每當我談到這個話題時，聽衆們各個聽得入神，甚至有人拿起筆來做筆記。無庸贅言，這裡所表現的正是和日本人一直信奉的「勞動才是神聖」的價值觀正好相反，它的思想是「人不必拼命地幹活」這一點最近深受大衆的矚目。

也許在十年以前，沒有人會去注意這段名言吧。事實上我從十幾年前就預測今後的年輕人的社會意識會朝向不勞動的方向轉變。具體的說，我認爲週休二日制會漸漸在社會上落實，無法給作業員許多休假、閒暇的企業，對年輕人而言將漸漸失去魅力。而每次一有演講會時，我就會主張個人的觀點。

但是，多數的經營者並不認同我的想法。不，是不願意承認，他們的說詞是「中小企業若光說這些好聽的話早就倒閉了」。但是，社會的動向已經轉向BUSHMAN哲學的趨勢。現在不僅是週休二日制已成爲定論，甚至還出現週休三日制的公司。同時，對許多大企業而言，暑休一星期或長達十天的假期已漸漸變成常識了。

人的慾求彷彿時代的擺子一樣搖擺不定

生活在二十世紀文明社會的我們，之所以覺得BUSHMAN 哲學所標榜的反面命題「不要工作」頗爲新鮮，乃是因爲我們的意識中經常渴望追求更大的幸福。我們心理上的幸福程度可以用幸福＝物質上的消費÷慾望的公式來表示。以這個公式而言，若要獲得較大的幸福，只要把物質消費的分子增多。因此，更加賣力勞動以賺取更多的金錢而購買汽車、蓋房子等增加消費。但是，傷腦筋的是，物質上的消費增加時隨之而來的是慾望漸漸擴大，結果，無論怎麼勞動也無法改變幸福度。處於目前經濟繁榮的社會，會有越來越多的人回憶起戰後遍地焦土的時代而說：「從前什麼都沒有的時代反而比現在幸福的多。」這和幸福的心理公式不無關係吧。

不過，在這個幸福的公式下，還有另外一個提高幸福度的方法。那就是把慾望的分母減少。雖然不至於做到從前的禁慾生活，然而只要稍微把慾望的標準下降，即使物質上的消費和以往同量，也能感受到比以前更大的幸福。這可以說是相對於物質性幸福的精神性幸福。譬如，藉由宗教或文學等精神上的活動以獲得幸福。這和BUSHMAN哲學的「一無所有不也是幸福嗎？何苦縮短睡眠時間勞動啊！」所持的相反構想類似。

不過，不是BUSHMAN的我爲何會預測到總有一天不贊成勞動的時代會來臨呢？那是因爲我思考和當時大爲盛行「應該勞動」。重視勞動的價值觀正好相反的命題的緣故。我想到目前雖然是「勞動、勞動」的時代，一旦「不要勞動」的價值觀增強時，整個社會會變成什麼樣呢？

雖然這並非由迷你裙變成長裙、再由長裙變成迷你裙的裙子長短的問題，但是，我們的社會心理經常以一定的振幅，彷彿時鐘的擺子一樣左右地搖擺不定。從以往的流行趨勢看來，從粗獷轉爲纖細、樸素變成華麗，面對機械文明所興起的自然主義、自然風潮等，相對於該時代的支配性主題，陸續地出現反面主題，而成爲下一個時代的主題。前面所述的「應該勞動」的價值觀也不例外，有一天時代將被「不要勞動」的命題所取而代之。

日產Be-1所掌握的社會心理的理由

如果養成針對支配該時代的趨勢或價值觀思考其反面命題的習慣時，就可以產生順應未來時代的嶄新構想。主張與時代相背的負面主題而獲得大成功的絕好例子是，最近日產汽車的車體製造。數年前，日產汽車以Be－1的車型在汽車市場拔得頭籌。Be－1是車體短、車身高的大型款式，和以往的汽車車型應該是車體長、車身寬、低矮的常識背道而馳。但是，在習慣了現代車型的人眼中，卻顯得非常新鮮。而且，Be－1本來是應該大量生產的汽車，然而最初生產時只限定三萬輛。這一點也煽動了消費者的購買心理。

結果Be－1廣受好評，甚至出現搶購熱潮………。

Be－1獲得成功的最大原因是這輛汽車是依據和目前的流行、常識相反的命題而企劃的，Be－1是以和以往車體製造應該美觀的文法完全相反的價值觀，向消費者訴求。同時，也違背大量生產、大量販賣的常識。

諸如這般針對目前已成功、成爲支配性商品的東西積極地思考其相反的命題時，有時可能因而產生嶄新的事物或構想。如果根據這個觀念重新對未來做一番預測時，如前所述的「充裕感」「遊樂」將取代現代社會所流行的「勞動」趨勢。因此，從這個相反的命題而言，不久重視勤勞精神的時代將會來臨。

不過，和以往不同的是任何企業都會縮短勞動時間。雖然未來會重視勞動精神，但是，大概不會像以前一樣無異地把勞動時間拉長吧。也許未來所重視的勞動的價值觀是在縮短的勞動時間內儘量取得較好的結果。換言之，新的時代也許會盛行追求更高勞動品質的另一種勤勉的哲學。

想不出好構想的想法⑧

產生好構想

×

比較昨日和今日不覺得有所變化而安心。

○

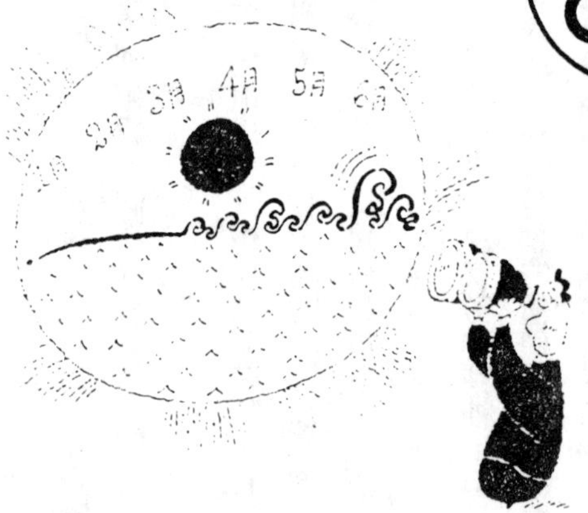

和半年前做比較而發現漸漸產生的變化。

想出好構想的想法・

使用時間的方式會

✕

把問題的解決對策認為是現在的問題而已。

○

把一個問題的解決對策
擴大到過去、未來做思考。

39 美國的今年，日本的明年

●產生一個構想時試著在時間軸、空間軸中擴大思考

美國的流行大約半年之後才在日本盛行。以個性商品爲例，數年前盛行的白菜娃娃以及最近的 BATMAN 的風潮就是其中一例，在美國曾經有過的流行，不久即登陸到日本。不僅是個性商品，在衣食住行各方面也有這種傾向。因此，有些人利用這個法則迅速地掌握美國的流行趨勢，然後在日本製造商業買賣的機會。

成立「盜智公司」

從前，我經常到國外旅行，而我一看到新鮮的事物就會想到這些點子，因此，曾經和朋友們開玩笑地說，何妨成立一個掌握海外資訊、構想的「盜智公司」。

事實上，我還曾經認眞地考慮過這個問題。那是日本盛行呼拉圈之前的事。

我從住在澳大利亞的友人口中得知當地正開始流行呼拉圈。聽起來似乎是頗爲有趣的玩具。我想也許在日本也能造成轟動吧。因此，我立即取得現品向專利局申請專利。但是，公家機關的工作往往無法順遂人意。尤其是專利的審查所花費的時間特別多。就在申請的過程

中，呼拉圈已登陸到日本，霎那間掀起一股熱潮，事到如今已爲時晚矣。專利局也以「此乃衆所周知的事實」而駁回我的專利申請。

呼拉圈的專利雖然落得慘敗，不過，在世界各地一定還有許多類似的構想。正如我打算把在澳大利亞流行的呼拉圈引進日本的觀念一樣，如果有一個好構想、好點子時，應該試著把它轉移空間擴大空間軸來思考。

除了擴大空間軸來思考構想之外，也有擴大時間軸構想的方法。譬如，數年前的暢銷商品中有一個配合孩子的成長可變化大小的桌子，這乃是把使用書桌的兒童的時間軸擴大到不久的將來的結果所產生的商品。

另外，日本的卡通電影也是因爲把受到兒童熱烈歡迎的漫畫，考慮讓成年人也來閱讀的構想而產生的。這也可以說是把漫畫這個構想的時間軸擴大之後的結果。

採取這樣的觀念時，不但可產生各式各樣的構想也能預測未來。

譬如，目前兒童的早期教育深受重視，幼兒教育產業非常盛行。從三、四歲開始就讓孩子習字，教導簡易加、減法的幼兒補習班如雨後春筍般地成立。如果把這個傾向擴大時間軸來考慮時，幾乎可以預測不久的將來將盛行乳兒教育甚至胎教的風潮。同時，甚至也可能產生父母本身在有孩子之前先做自我教育的構想，這絕非愚蠢的構想。

追溯時間軸即可獲得根本的問題解決

改變時間與空間來思考問題的方法，可應用在各種分野上。譬如，美國政府所實施的納稅制度。美國的納稅對策並不只是針對現在的納稅者，乃是從對未來的納稅者，亦即兒童身上教育開始。

一般納稅者可區分爲美國型與拉丁型兩者，美國型的納稅者納稅意識相當高，雖然會循規蹈矩地繳納稅金，不過，也會嚴格地監督政府稅金的處理用途。相對地，拉丁型的納稅意識較低，從不繳稅。不過，卻不在意政府如何處理自己所繳納的稅金。當然，政府所歡迎的對象還是美國型的納稅者。

美國利用政府機構從每個人的少年期開始就嚴格地實施有關納稅義務與權利的教育，這乃是要教育將來長大成人也可能納稅的兒童成爲美國型的納稅者，以增加其比率。換言之，美國政府是追溯時間軸來考慮國民的納稅意識，以解決納稅的問題。

SONY的井深榮譽會長之所以熱衷於幼兒教育、胎兒教育，也是出自擴大時間軸做思考的構想。

目前，日本的教育只是一再地叫嚣「不要染髮」或「用功一點」等等只針對學生的現況做應急的措施而目不暇給，每年反覆著同樣的問題，卻沒有做根本的問題解決。如果將目前成人或年輕人不求上進的原因，反溯時間軸做一番思考時，一定會追溯到每個人的幼兒期。

假使這些人在幼兒期能接受紮實的教育，到了思春期就不會陷入墮落、或因成績不好而傷腦筋等問題。井深先生的幼兒教育、胎教的構想就是基於這樣的想法。

40 一難剛平另一難隨之又起

●發現好的解決之策時必須思考該方案是否會引發其他的問題

大暢銷商品為何數週後就賣不出去

最近在媒體界掀起一場論爭的是「二氯二氟甲烷對地球的破壞」的問題，目前這個問題已經成為世界規模的緊急課題。然而這乃是人類為了追求更幸福的生活而發展近代文明的結果所產生的。

我們身邊也有許多和這個問題類似的例子。譬如，因為驅除害蟲所引起的農藥問題或開闢高爾夫球場所使用的除草劑，因流到河川而造成下游市鎮的飲水公害等，所謂的環境問題、公害問題都是其典型。雖然以近代文明的力量消除了害蟲、雜草等「一難」，但是，卻沒有想到這個問題會帶來形成公害問題的另一個「大難」。

即使針對某個目的想出最完善的解決之策，然而若因此而發生了其他的問題，這個解決之策就不妥當。

從以上的例子我們即可明白這樣的例子為數甚多，而商場界也常有類似的問題發生。縱然發現了可以達到目的的方案，然而若只著重於該方案上，卻沒有檢討是否會因此產生另一個問題，就不是眞正的解決之策。這個視點才是想出好構想的重要關鍵。

一名叫做佛羅倫斯・比達爾的人，其著書中有這樣的例子。

一九六〇年左右，美國某食品公司成功地開發了前所未有的蛋糕攪拌器。烤出來的麵包不但渾圓鼓脹，從烤箱裡拿出來也不會凹陷。不但味道、咀嚼感無懈可擊，料理時一點也不費事，連兒童也可以親手做。

因此，名爲「WINNY」的這個蛋糕攪拌器進軍市場時，廣告代理商的負責人製作一個兒童實際使用這個商品做蛋糕的影片，然後附上旁白：「拜託媽媽購買WINNY吧，讓她們看看我們也可親手做蛋糕哦。」在電視上放映。

反應果然不出所料地熱烈，「WINNY」隨即造成轟動，也難怪主其事者信心大增。但是，這個銷售的熱潮卻在數週後嘎然而止，爲什麼？原來對整理被孩子佔領後的廚房感到束手無策的母親，爲了避免麻煩而對「WINNY」敬而遠之了。

「兒童」也能親手做的這個構想的確是GOOD IDEA，然而企劃此商品者卻沒有留意到做麵包之後所產生的事後整理的問題，而造成失敗。即使因爲可親手做，深受兒童們歡迎的蛋糕攪拌器，若引起母親對事後整理感到厭煩的另一個問題，就無法持續銷售了。

不因爲獲得一個解決之策而放心結果大獲成功的冷氣機販賣

那麼，能夠產生了不起的構想以吸引顧客的販賣企劃者，爲何沒有察覺到接下來可能產生的問題呢？這乃是因爲人很容易陷入某種心理盲點。當人面對一個好構想時，往往失去對可能產生影響的問題‖副作用的顧慮。尤其是自己的企劃又頗爲自負的構想時，在心態上很容易變得視野狹隘。

換言之，是屬於「一切事情已經解決」型的思考，得到解決之策時所感到的「暫時性的安慰與驕傲」，蒙蔽了對接下來可能發生的問題的判斷。

接下來再介紹一個類似的例子。那是東芝所出品的暢銷冷氣機，因爲它那簡單的設計而深受年輕人所喜愛的「我的房間冷氣『OFF』」。

這個冷氣機似乎是根據一個家庭裡可能需要第二台、第三台冷氣機的判斷，以兒童房間所專用而開發的商品。顧及兒童的房間被海報、書架、書桌佔滿而沒有其他空間的情況，若要裝冷氣只能縮小高度、加長機型以利用天花板的空間。

這個冷氣機就是根據這些顧慮而設計的。不過，東芝雖然留意到兒童們的需求，並沒有將這個構想立即商品化進軍市場。

因爲，雖然做爲兒童專用的冷氣機的確是個好構想，但是，使用者和購買者並非同人。即使是兒童所使用的冷氣機，若不配合消費者、成年人的價值標準也無法暢銷。爲了消除這個不安，東芝進行了市場調查。

結果，東芝發現了與當初的估計完全不同的結論。

雖然父母親的反應不佳，但是，這個商品的設計卻深受二十年代的年輕人所喜愛。東芝於是改變原來的購想，把目標鎖定在具有經濟能力的都市型年輕人身上，而大獲成功。這可以說是並不以想到兒童房間專用的冷氣機的構想而得意，從這個構想再思索購買者的問題，又迅速地採取對應之策所獲得的勝利。

由此可見，在竊喜獲得一個解決良策之前，應該具備再一次思索這個妙案裡是否隱藏著另一個問題、可能產生新的問題的視點。

大展出版社有限公司	圖書目錄
地址：台北市北投區11204 致遠一路二段12巷1號 郵撥： 0166955～1	電話：（02）8236031 8236033 傳眞：（02）8272069

• 法律專欄連載 • 電腦編號58

台大法學院 法律學系／策劃
法律服務社／編著

①別讓您的權利睡著了1	180元
②別讓您的權利睡著了2	180元

• 婦 幼 天 地 • 電腦編號16

①八萬人減肥成果	黃靜香譯	150元
②三分鐘減肥體操	楊鴻儒譯	130元
③窈窕淑女美髮秘訣	柯素娥譯	130元
④使妳更迷人	成　玉譯	130元
⑤女性的更年期	官舒妍編譯	130元
⑥胎內育兒法	李玉瓊編譯	120元
⑦愛與學習	蕭京凌編譯	120元
⑧初次懷孕與生產	婦幼天地編譯組	180元
⑨初次育兒12個月	婦幼天地編譯組	180元
⑩斷乳食與幼兒食	婦幼天地編譯組	180元
⑪培養幼兒能力與性向	婦幼天地編譯組	180元
⑫培養幼兒創造力的玩具與遊戲	婦幼天地編譯組	180元
⑬幼兒的症狀與疾病	婦幼天地編譯組	180元
⑭腿部苗條健美法	婦幼天地編譯組	150元
⑮女性腰痛別忽視	婦幼天地編譯組	130元
⑯舒展身心體操術	李玉瓊編譯	130元
⑰三分鐘臉部體操	趙薇妮著	120元
⑱生動的笑容表情術	趙薇妮著	120元
⑲心曠神怡減肥法	川津祐介著	130元
⑳內衣使妳更美麗	陳玄茹譯	130元

• 青 春 天 地 • 電腦編號17

①A血型與星座	柯素娥編譯	120元

②B血型與星座	柯素娥編譯	120元
③O血型與星座	柯素娥編譯	120元
④AB血型與星座	柯素娥編譯	120元
⑤青春期性教室	呂貴嵐編譯	130元
⑥事半功倍讀書法	王毅希編譯	130元
⑦難解數學破題	宋釗宜編譯	130元
⑧速算解題技巧	宋釗宜編譯	130元
⑨小論文寫作秘訣	林顯茂編譯	120元
⑩視力恢復！超速讀術	江錦雲譯	130元
⑪中學生野外遊戲	熊谷康編著	120元
⑫恐怖極短篇	柯素娥編譯	130元
⑬恐怖夜話	小毛驢編譯	130元
⑭恐怖幽默短篇	小毛驢編譯	120元
⑮黑色幽默短篇	小毛驢編譯	120元
⑯靈異怪談	小毛驢編譯	130元
⑰錯覺遊戲	小毛驢編譯	130元
⑱整人遊戲	小毛驢編譯	120元
⑲有趣的超常識	柯素娥編譯	130元
⑳哦！原來如此	林慶旺編譯	130元
㉑趣味競賽100種	劉名揚編譯	120元
㉒數學謎題入門	宋釗宜編譯	150元
㉓數學謎題解析	宋釗宜編譯	150元
㉔透視男女心理	林慶旺編譯	120元
㉕少女情懷的自白	李桂蘭編譯	120元
㉖由兄弟姊妹看命運	李玉瓊編譯	130元
㉗趣味的科學魔術	林慶旺編譯	150元
㉘趣味的心理實驗室	李燕玲編譯	150元
㉙愛與性心理測驗	小毛驢編譯	130元
㉚刑案推理解謎	小毛驢編譯	130元
㉛偵探常識推理	小毛驢編繹	130元

•健 康 天 地•電腦編號18

①壓力的預防與治療	柯素娥編譯	130元
②超科學氣的魔力	柯素娥編譯	130元
③尿療法治病的神奇	中尾良一著	130元
④鐵證如山的尿療法奇蹟	廖玉山譯	120元
⑤一日斷食健康法	葉慈容編譯	120元
⑥胃部強健法	陳炳崑譯	120元
⑦癌症早期檢查法	廖松濤譯	130元

⑧老人痴呆症防止法	柯素娥編譯	130元
⑨松葉汁健康飲料	陳麗芬編譯	130元

•超現實心理講座•電腦編號22

①超意識覺醒法	詹蔚芬編譯	130元
②護摩秘法與人生	劉名揚編譯	130元
③秘法！超級仙術入門	陸　明譯	150元

•心 靈 雅 集•電腦編號00

①禪言佛語看人生	松濤弘道著	150元
②禪密教的奧秘	葉逯謙譯	120元
③觀音大法力	田口日勝著	120元
④觀音法力的大功德	田口日勝著	120元
⑤達摩禪106智慧	劉華亭編譯	150元
⑥有趣的佛教研究	葉逯謙編譯	120元
⑦夢的開運法	蕭京凌譯	130元
⑧禪學智慧	柯素娥編譯	130元
⑨女性佛教入門	許俐萍譯	110元
⑩佛像小百科	心靈雅集編譯組	130元
⑪佛教小百科趣談	心靈雅集編譯組	120元
⑫佛教小百科漫談	心靈雅集編譯組	150元
⑬佛教知識小百科	心靈雅集編譯組	150元
⑭佛學名言智慧	松濤弘道著	180元
⑮釋迦名言智慧	松濤弘道著	180元
⑯活人禪	平田精耕著	120元
⑰坐禪入門	柯素娥編譯	120元
⑱現代禪悟	柯素娥編譯	130元
⑲道元禪師語錄	心靈雅集編譯組	130元
⑳佛學經典指南	心靈雅集編譯組	130元
㉑何謂「生」　阿含經	心靈雅集編譯組	130元
㉒一切皆空　般若心經	心靈雅集編譯組	130元
㉓超越迷惘　法句經	心靈雅集編譯組	130元
㉔開拓宇宙觀　華嚴經	心靈雅集編譯組	130元
㉕真實之道　法華經	心靈雅集編譯組	130元
㉖自由自在　涅槃經	心靈雅集編譯組	130元
㉗沈默的教示　維摩經	心靈雅集編譯組	130元
㉘開通心眼　佛語佛戒	心靈雅集編譯組	130元
㉙揭秘寶庫　密教經典	心靈雅集編譯組	130元
㉚坐禪與養生	廖松濤譯	110元

㉛釋尊十戒	柯素娥編譯	120元
㉜佛法與神通	劉欣如編著	120元
㉝悟（正法眼藏的世界）	柯素娥編譯	120元
㉞只管打坐	劉欣如編譯	120元
㉟喬答摩・佛陀傳	劉欣如編著	120元
㊱唐玄奘留學記	劉欣如編譯	120元
㊲佛教的人生觀	劉欣如編譯	110元
㊳無門關（上卷）	心靈雅集編譯組	150元
㊴無門關（下卷）	心靈雅集編譯組	150元
㊵業的思想	劉欣如編著	130元
㊶		

•經 營 管 理•電腦編號01

◎創新經營管理六十六大計（精）	蔡弘文編	780元
①如何獲取生意情報	蘇燕謀譯	110元
②經濟常識問答	蘇燕謀譯	130元
③股票致富68秘訣	簡文祥譯	100元
④台灣商戰風雲錄	陳中雄著	120元
⑤推銷大王秘錄	原一平著	100元
⑥新創意・賺大錢	王家成譯	90元
⑦工廠管理新手法	琪　輝著	120元
⑧奇蹟推銷術	蘇燕謀譯	100元
⑨經營參謀	柯順隆譯	120元
⑩美國實業24小時	柯順隆譯	80元
⑪撼動人心的推銷法	原一平著	120元
⑫高竿經營法	蔡弘文編	120元
⑬如何掌握顧客	柯順隆譯	150元
⑭一等一賺錢策略	蔡弘文編	120元
⑮世界經濟戰爭	約翰・渥洛諾夫著	120元
⑯成功經營妙方	鐘文訓著	120元
⑰一流的管理	蔡弘文編	150元
⑱外國人看中韓經濟	劉華亭譯	150元
⑲企業不良幹部群相	琪輝編著	120元
⑳突破商場人際學	林振輝編著	90元
㉑無中生有術	琪輝編著	140元
㉒如何使女人打開錢包	林振輝編著	100元
㉓操縱上司術	邑井操著	90元
㉔小公司經營策略	王嘉誠著	100元
㉕成功的會議技巧	鐘文訓編譯	100元
㉖新時代老闆學	黃柏松編著	100元

㉗如何創造商場智囊團	林振輝編譯	150元
㉘十分鐘推銷術	林振輝編譯	120元
㉙五分鐘育才	黃柏松編譯	100元
㉚成功商場戰術	陸明編譯	100元
㉛商場談話技巧	劉華亭編譯	120元
㉜企業帝王學	鐘文訓譯	90元
㉝自我經濟學	廖松濤編譯	100元
㉞一流的經營	陶田生編著	120元
㉟女性職員管理術	王昭國編譯	120元
㊱ＩＢＭ的人事管理	鐘文訓編譯	150元
㊲現代電腦常識	王昭國編譯	150元
㊳電腦管理的危機	鐘文訓編譯	120元
㊴如何發揮廣告效果	王昭國編譯	150元
㊵最新管理技巧	王昭國編譯	150元
㊶一流推銷術	廖松濤編譯	120元
㊷包裝與促銷技巧	王昭國編譯	130元
㊸企業王國指揮塔	松下幸之助著	120元
㊹企業精銳兵團	松下幸之助著	120元
㊺企業人事管理	松下幸之助著	100元
㊻華僑經商致富術	廖松濤編譯	130元
㊼豐田式銷售技巧	廖松濤編譯	120元
㊽如何掌握銷售技巧	王昭國編著	130元
㊾一分鐘推銷員	廖松濤譯	90元
㊿洞燭機先的經營	鐘文訓編譯	150元
(51)ＩＢＭ成功商法	巴克・羅傑斯著	130元
(52)新世紀的服務業	鐘文訓編譯	100元
(53)成功的領導者	廖松濤編譯	120元
(54)女推銷員成功術	李玉瓊編譯	130元
(55)ＩＢＭ人才培育術	鐘文訓編譯	100元
(56)企業人自我突破法	黃琪輝編著	150元
(57)超級經理人	羅拔・海勒著	100元
(58)財富開發術	蔡弘文編著	130元
(59)成功的店舖設計	鐘文訓編著	150元
(60)靈巧者成功術	鐘文訓編譯	150元
(61)企管回春法	蔡弘文編著	130元
(62)小企業經營指南	鐘文訓編譯	100元
(63)商場致勝名言	鐘文訓編譯	150元
(64)迎接商業新時代	廖松濤編譯	100元
(65)透視日本企業管理	廖松濤　譯	100元
(66)新手股票投資入門	何朝乾　編	150元
(67)上揚股與下跌股	何朝乾編譯	150元

⑱股票速成學	何朝乾編譯	180元
⑲理財與股票投資策略	黃俊豪編著	180元
⑳黃金投資策略	黃俊豪編著	180元
㉑厚黑管理學	廖松濤編譯	180元
㉒股市致勝格言	呂梅莎編譯	180元
㉓透視西武集團	林谷燁編譯	150元
㉔推銷改變我的一生	柯素娥　譯	120元
㉕推銷始於被拒	盧媚璟　譯	120元
㉖巡迴行銷術	陳蒼杰譯	150元
㉗推銷的魔術	王嘉誠譯	120元
㉘60秒指導部屬	周蓮芬編譯	150元
㉙精銳女推銷員特訓	李玉瓊編譯	130元
㉚企劃、提案、報告圖表的技巧	鄭　汶　譯	180元
㉛海外不動產投資	許達守編譯	150元
㉜八百伴的世界策略	李玉瓊譯	150元
㉝服務業品質管理	吳宜芬譯	180元
㉞零庫存銷售	黃東謙編譯	150元
㉟三分鐘推銷管理	劉名揚編譯	150元
㊱推銷大王奮鬥史	原一平著	150元
㊲豐田汽車的生產管理	林谷燁編譯	元

•成功寶庫• 電腦編號02

①上班族交際術	江森滋著	100元
②拍馬屁訣竅	廖玉山編譯	110元
③一分鐘適應法	林曉陽譯	90元
④聽話的藝術	歐陽輝編譯	110元
⑤人心透視術	多湖輝著	100元
⑥克服逆境的智慧	廖松濤　譯	100元
⑦不可思議的人性心理	多湖輝　著	120元
⑧成功的人生哲學	劉明和　譯	120元
⑨求職轉業成功術	陳　義編著	110元
⑩上班族禮儀	廖玉山編著	120元
⑪接近心理學	李玉瓊編著	100元
⑫創造自信的新人生	廖松濤編著	120元
⑬卡耐基的人生指南	林曉鐘編譯	120元
⑭上班族如何出人頭地	廖松濤編著	100元
⑮神奇瞬間瞑想法	廖松濤編譯	100元
⑯人生成功之鑰	楊意苓編著	150元
⑰當一個享受成功的人	戴恆雄編著	100元
⑱潛在心理術	多湖輝　著	100元

⑲給企業人的諍言	鐘文訓編著	120元
⑳企業家自律訓練法	陳　義編譯	100元
㉑上班族妖怪學	廖松濤編著	100元
㉒猶太人縱橫世界的奇蹟	孟佑政編著	110元
㉓訪問推銷術	黃静香編著	130元
㉔改運的秘訣	吳秀美　譯	120元
㉕你是上班族中強者	嚴思圖編著	100元
㉖向失敗挑戰	黃静香編著	100元
㉗成功心理學	陳蒼杰　譯	100元
㉘墨菲成功定律	吳秀美　譯	130元
㉙機智應對術	李玉瓊編著	130元
㉚成功頓悟100則	蕭京凌編譯	130元
㉛掌握好運100則	蕭京凌編譯	110元
㉜知性幽默	李玉瓊編譯	130元
㉝熟記對方絕招	黃静香編譯	100元
㉞男性成功秘訣	陳蒼杰編譯	130元
㉟超越巔峯者	C・加菲爾德著	130元
㊱業務員成功秘方	李玉瓊編著	120元
㊲察言觀色的技巧	劉華亭編著	130元
㊳一流領導力	施義彥編譯	120元
㊴一流說服力	李玉瓊編著	130元
㊵30秒鐘推銷術	廖松濤編譯	120元
㊶猶太成功商法	周蓮芬編譯	120元
㊷尖端時代行銷策略	陳蒼杰編著	100元
㊸顧客管理學	廖松濤編著	100元
㊹如何使對方說Yes	程　羲編著	150元
㊺如何提高工作效率	劉華亭編著	150元
㊻企業戰術必勝法	黃静香編著	130元
㊼上班族口才學	楊鴻儒譯	120元
㊽上班族新鮮人須知	程　羲編著	120元
㊾如何左右逢源	程　羲編著	130元
㊿語言的心理戰	多湖輝著	130元
51扣人心弦演說術	劉名揚編著	120元
52八面玲瓏成功術	陳　羲譯	130元
53如何增進記憶力、集中力	廖松濤譯	130元
54頂尖領導人物	陳蒼杰譯	120元
55性惡企業管理學	陳蒼杰譯	130元
56自我啟發200招	楊鴻儒編著	150元
57做個傑出女職員	劉名揚編著	130元
58靈活的集團營運術	楊鴻儒編著	120元
59必勝交涉強化法	陳蒼杰譯	120元

⑥⓪個案研究活用法	楊鴻儒編著	130元
⑥①企業教育訓練遊戲	楊鴻儒編著	120元
⑥②管理者的智慧	程　義編譯	130元
⑥③做個佼佼管理者	馬筱莉編譯	130元
⑥④智慧型說話技巧	沈永嘉編譯	130元
⑥⑤歌德人生箴言	沈永嘉編譯	150元
⑥⑥活用佛學於經營	松濤弘道著	150元
⑥⑦活用禪學於企業	柯素娥編譯	130元
⑥⑧詭辯的智慧	沈永嘉編譯	130元
⑥⑨幽默詭辯術	廖玉山編譯	130元
⑦⓪拿破崙智慧箴言	柯素娥編譯	130元
⑦①自我培育・超越	蕭京凌編譯	150元
⑦②深層心理術	多湖輝著	130元
⑦③深層語言術	多湖輝著	130元
⑦④時間即一切	沈永嘉編譯	130元
⑦⑤自我脫胎換骨	柯素娥譯	150元
⑦⑥贏在起跑點—人才培育鐵則	楊鴻儒編譯	150元
⑦⑦做一枚活棋	李玉瓊編譯	130元
⑦⑧面試成功戰略	柯素娥編譯	130元
⑦⑨自我介紹與社交禮儀	柯素娥編譯	130元
⑧⓪說NO的技巧	廖玉山編譯	130元
⑧①瞬間攻破心防法	廖玉山編譯	120元
⑧②改變一生的名言	李玉瓊編譯	130元
⑧③性格性向創前程	楊鴻儒編譯	130元
⑧④訪問行銷新竅門	廖玉山編譯	150元
⑧⑤無所不達的推銷話術	李玉瓊編譯	150元

・處 世 智 慧・ 電腦編號03

①如何改變你自己	陸明編譯	90元
②人性心理陷阱	多湖輝著	90元
③面對面的心理戰術	多湖輝著	90元
④幽默說話術	林振輝編譯	120元
⑤讀書36計	黃柏松編譯	110元
⑥靈感成功術	譚繼山編譯	80元
⑦如何使人對你好感	張文志譯	110元
⑧扭轉一生的五分鐘	黃柏松編譯	100元
⑨知人、知面、知其心	林振輝譯	110元
⑩現代人的詭計	林振輝譯	100元
⑪怎樣突破人性弱點	摩　根著	90元
⑫如何利用你的時間	蘇遠謀譯	80元

⑬口才必勝術	黃柏松編譯	120元
⑭女性的智慧	譚繼山編譯	90元
⑮如何突破孤獨	張文志編譯	80元
⑯人生的體驗	陸明編譯	80元
⑰微笑社交術	張芳明譯	90元
⑱幽默吹牛術	金子登著	90元
⑲攻心說服術	多湖輝著	100元
⑳當機立斷	陸明編譯	70元
㉑勝利者的戰略	宋恩臨編譯	80元
㉒如何交朋友	安紀芳編著	70元
㉓鬥智奇謀（諸葛孔明兵法）	陳炳崑著	70元
㉔慧心良言	亦　奇著	80元
㉕名家慧語	蔡逸鴻主編	90元
㉖金色的人生	皮爾著	80元
㉗稱霸者啟示金言	黃柏松編譯	90元
㉘如何發揮你的潛能	陸明編譯	90元
㉙女人身態語言學	李常傳譯	100元
㉚摸透女人心	張文志譯	90元
㉛現代戀愛秘訣	王家成譯	70元
㉜給女人的悄悄話	妮倩編譯	90元
㉝行為語言的奧秘	歆夫編譯	110元
㉞如何開拓快樂人生	陸明編譯	90元
㉟驚人時間活用法	鐘文訓譯	80元
㊱成功的捷徑	鐘文訓譯	70元
㊲幽默逗笑術	林振輝著	120元
㊳活用血型讀書法	陳炳崑譯	80元
㊴心　燈	葉于模著	100元
㊵當心受騙	林顯茂譯	90元
㊶心・體・命運	蘇燕謀譯	70元
㊷如何使頭腦更敏銳	陸明編譯	70元
㊸宮本武藏五輪書金言錄	宮本武藏著	100元
㊹厚黑說服術	多湖輝著	90元
㊺勇者的智慧	黃柏松編譯	80元
㊻善意的心理騙術	多湖輝著	75元
㊼成熟的愛	林振輝譯	120元
㊽現代女性駕馭術	蔡德華著	90元
㊾禁忌遊戲	酒井潔著	90元
㊿自我表現術	多湖輝著	100元
51女性的魅力・年齡	廖玉山譯	90元
52摸透男人心	劉華亭編譯	80元
53如何達成願望	謝世輝著	90元

國立中央圖書館出版品預行編目資料

創造好構想／多湖輝著；廖玉山譯 --初版
--臺北市：大展，民82
面；　公分 --（實用心理學講座；2）
譯自：なぜいい考えが浮かばないのか
ISBN 957-557-412-5（平裝）

1. 思考

176.4　　82008845

本書原書名：なぜいい考えが浮かばないのか
著　　者：多湖 輝
發 行 所：株式會社ごま書房
版權代理／宏儒企業有限公司

創造好構想

ISBN 957-557-412-5

原 著 者／多湖　輝
編 譯 者／廖 玉 山
發 行 人／蔡 森 明
出 版 者／大展出版社有限公司
社　　址／台北市北投區（石牌）
致遠一路二段12巷1號
電　　話／（02）8236031・8236033
傳　　眞／（02）8272069
郵政劃撥／0166955－1
登 記 證／局版臺業字第2171號

法律顧問／劉 鈞 男 律師
承 印 者／高星企業有限公司
電　　話／（02）3012514
排 版 者／千賓電腦打字有限公司
電　　話／（02）8836052
初　　版／1993年（民82年）12月
定　　價／140元

大展好書 好書大展

大展好書 好書大展